Trabalhando com Monstros

Como identificar psicopatas no seu trabalho e como se proteger deles

---

Dr. John Clarke

2011, Editora Fundamento Educacional Ltda.

Editor e edição de texto: Editora Fundamento
Capa e editoração eletrônica: Ctrl S Comunicação (Kelly Sumeck)
CTP e impressão: SVP – Gráfica Pallotti
Tradução: JPH Serv. de Editoração Gráfica e Inform. Ltda. ME (Albertina Piva)

Os conselhos e as estratégias discutidos neste livro têm o intuito de servir somente como um guia. Em alguns casos, é aconselhável buscar ajuda profissional. Todos os casos citados neste livro são reais; no entanto, os nomes, as localizações e os cargos de algumas pessoas aqui descritas foram alterados para proteger a identidade delas. Nada de dramatização ou exagero foi adicionado aos casos. Qualquer semelhança a pessoas reais, vivas ou falecidas, resultante dessas alterações é mera coincidência.

Publicado originalmente pela Random House Australia Pty Ltd, em 2007
Copyright de texto © John Clarke 2007
Foto da capa fornecida pela Getty Images.

Todos os direitos reservados incluindo os direitos de reprodução integral ou parcial em qualquer forma.

Dados Internacionais de Catalogação na Publicação (CIP)
(Câmara Brasileira do Livro, SP, Brasil)

Clarke, John
    Trabalhando com Monstros / John Clarke; [versão brasileira da editora] – 1. ed. – São Paulo, SP: Editora Fundamento Educacional, 2011.

Título original: The pocket psycho

1. Atitude (Psicologia) 2. Autorrealização 3. Conduta de vida 4. Sucesso I. Título.

11-02198   CDD-158.1

Índice para catálogo sistemático
1. Atitude e sucesso: Psicologia aplicada 158.1

Fundação Biblioteca Nacional

Depósito legal na Biblioteca Nacional, conforme Decreto nº 1.825, de dezembro de 1907. Todos os direitos reservados no Brasil por Editora Fundamento Educacional Ltda.

Impresso no Brasil

Telefone: (41) 3015 9700
E-mail: info@editorafundamento.com.br
Site: www.editorafundamento.com.br

Este livro foi impresso em papel chamois bulk 80 g/m² e a capa em cartão supremo alta alvura 250 g/m².

Sumário

Introdução 1

1. Os Fatos 3

2. Definindo o Monstro 8

3. Características Específicas 13

4. Manipulando Empresas 28

5. Manipulando Pessoas 38

6. Efeitos nas Vítimas 44

7. Protegendo-se 58

8. Vacinando Funcionários 72

9. Bom para os Negócios? 83

10. Identidade Trocada? 89

Conclusão 104

O dr. John Clarke realizou estudos e pesquisas em psicologia nas áreas da psicopatia corporativa – perfis criminosos, estupros seriais, praticantes de crueldade com animais e análises de cenas de crimes de homicídio sexual. Ele trabalha como consultor para corporações que estão experimentando problemas com alguém suspeito de ser psicopata corporativo e também com vítimas desses psicopatas. Ele também trabalhou como consultor para a polícia de New South Wales, desenvolvendo perfis de criminosos. Ministrou palestras sobre psicopatas corporativos, perfis de criminosos, psicologia anormal e psicologia criminosa na Universidade de Sydney, bem como para membros de diversas forças policiais, praticantes de direito e psicólogos. John fez comentários a respeito de psicologia criminal e do psicopata corporativo na mídia impressa, na rádio e na televisão, tanto na Austrália quanto em outros países.

Introdução

Recebo um número enorme de e-mails todas as semanas de pessoas do mundo todo me pedindo para ajudá-las a lidar com os psicopatas do trabalho em suas vidas. Como eu não posso responder a cada pedido que recebo, decidi escrever *Trabalhando com Monstros*, para fornecer ao maior número de pessoas possível um guia sobre o psicopata do trabalho; breve, de fácil digestão e orientado ao usuário. *Trabalhando com Monstros* fornece informações específicas para se lidar com o psicopata do trabalho.

O objetivo deste livro é educar as pessoas a respeito de como o psicopata do trabalho opera. Educação é a chave para minimizar os danos que essas pessoas causam. Se você souber como eles operam, será muito mais fácil lidar com eles. *Trabalhando com Monstros* é destinado ao grande número de pessoas diretamente afetadas pelo psicopata do trabalho. Esperamos que as pessoas que estejam trabalhando para ou com um psicopata do trabalho, amigos e colegas de pessoas atingidas pelo psicopata do trabalho e pessoas que tenham um relacionamento com um psicopata do trabalho se beneficiem com este livro.

Iremos explorar como o psicopata do trabalho opera, tanto estrategicamente como no dia a dia, bem como explanar estratégias de gerenciamento comprovadas para minimizar seus efeitos na organização. Olharemos também de perto as características-chave do psicopata do trabalho. Para as vítimas, conhecimento é poder. É vital que essas vítimas (e seus parentes e colegas) percebam que elas não estão ficando loucas ou exagerando, que o que elas estão experimentando é genuíno e altamente significativo. As vítimas também devem saber que não estão sozinhas. O psicopata do trabalho tenta isolar e depois destruir seu alvo. Se você é uma vítima, leia este livro e saiba que não está sozinho. O psicopata do trabalho vai achar muito mais difícil atingi-lo se você estiver bem informado. Você deu o primeiro passo a caminho de se fortalecer.

Se *Trabalhando com Monstros* tornar mais difícil para um psicopata do trabalho atingir suas vítimas e destruir a vida das pessoas, ele é um sucesso. Se ele salvar a vida de alguém como Kate e melhorar as vidas de vítimas como as que entram em contato comigo, ele é um sucesso além de qualquer medida.

No entanto, este livro não tem a intenção de ser uma ferramenta de diagnóstico para os leitores classificarem seus chefes ou colegas como psicopatas. Na verdade, ele mostra o que é um psicopata do trabalho e demonstra que se pode lidar com ele de diversas formas. Pode ser apropriado procurar ajuda profissional se qualquer situação identificada no livro for similar à que você ou alguém que você conhece está experimentando.

1
Os Fatos

O psicopata corporativo busca poder e controle sobre os outros, alimentando-se do sofrimento e da miséria infligidos aos colegas de trabalho. Eles manipulam pessoas e corporações à vontade, deixando uma trilha de devastação e de colegas destruídos por onde passam. Eles são encontrados em todos os tipos de organizações, exercendo desde o cargo de executivo chefe até o de empregado júnior.

> Mary era uma gerente de nível médio em uma companhia de seguros. Ela podia manipular qualquer situação, não importava quão ruim fosse, assim ela acabava parecendo bem-sucedida. Ela mentia tanto para colegas quanto para clientes, mas nunca assumia a responsabilidade quando sua mentira era descoberta. Ela simplesmente acionava seu charme e se insinuava para a direção, delegando a culpa diretamente para outra pessoa. Suas mudanças de humor eram completamente imprevisíveis; num minuto ela era gentil e no instante seguinte se voltava contra os colegas, fazendo com que muitas pessoas na empresa a temessem. O que mais chocava seus colegas talvez fosse sua total falta de remorso ou culpa quando era pega fazendo alguma coisa errada.
> Mary fazia qualquer coisa que fosse necessária para parecer bem à custa de seus colegas. Mary é uma psicopata corporativa.

Apesar de nos anos recentes o público estar mais ciente, psicopatas corporativos como Mary ainda operam com impunidade. Eles exibem uma série de características de personalidade marcantes, bem como comportamentos antissociais. Essas características e esses comportamentos incluem falta de remorso ou culpa, conduta parasita, busca constante de aumento de poder e controle na empresa, manipulação e intimidação das pessoas a seu redor, presunção, vida sexual impessoal, mentiras e enganação prolíficas, constante necessidade de excitação, charme superficial e falta de responsabilidade.

Nem todos os psicopatas corporativos apresentam todas essas características. O que é importante é o padrão de comportamento do psicopata. O comportamento deles é definido por aquilo que eles pensam sobre o mundo e o local de trabalho. Eles não veem o trabalho como um local para cooperar com colegas e ser produtivo, mas, ao contrário, como um lugar para manipular e controlar colegas e "ganhar" promoção para uma posição de maior poder.

Quando enfrentam o comportamento destrutivo de um psicopata do trabalho, as vítimas caracteristicamente relatam que se sentem como se tivessem perdido o controle sobre suas vidas. Ataques de pânico, depressão, distúrbios de sono e pesadelos, problemas de relacionamento, confusão, descrença, culpa, falta de confiança, raiva, impotência, flashbacks, vergonha, embaraço e disfunção sexual são apenas alguns exemplos de como essas vítimas sofrem.

Alguns efeitos de longo prazo também incluem incapacidade de procurar outro emprego, já que não confiam mais nas pessoas e em si mesmas, e uma perda de confiança em sua habilidade de trabalhar adequadamente em sua profissão ou na carreira de sua escolha.

Empregados que decidem permanecer em seus trabalhos apesar do trauma frequentemente relatam ter ressentimentos contra a companhia para a qual deram tanto. Eles acham que a empresa os decepcionou por não acreditar neles ou não os proteger.

Algumas estatísticas

Estima-se que de 1% a 3% dos homens adultos e de 0,5% a 1% das mulheres adultas sejam psicopatas. É difícil saber quantos psicopatas corporativos estão lá fora porque eles são mestres em se esconder dentro de uma empresa. Mais ainda: empregadores não estão dispostos a ser honestos quando se trata de revelar quantos psicopatas eles podem ter empregado. No entanto, pesquisadores ao redor do mundo acreditam que 1% da população adulta que trabalha é de psicopatas corporativos. O dr. Paul Babiak e o dr. Robert Hare, pesquisadores de ponta sobre o psicopata do trabalho nos Estados Unidos, estimam que indivíduos psicopatas representam muito mais do que 1% dos gerentes e executivos de negócios, e isso parece descrever acertadamente a situação australiana também.

De acordo com os doutores Babiak e Hare, cerca de 10% da população não pode ser definida como sendo composta de psicopatas corporativos, mas assim mesmo apresentam traços psicopatas suficientes para ter um impacto negativo nas pessoas com quem convivem em seu ambiente de trabalho.

Características

É difícil identificar o psicopata corporativo com base em impressões iniciais. Eles são especialistas em manipular pessoas e situações, assim eles evitam a detecção por um longo tempo, em alguns casos. O psicopata corporativo usa uma série de estratégias para entrar em uma empresa. Uma vez que tenha garantido uma posição, usa táticas diferentes para acelerar sua promoção dentro da companhia. As táticas de reconhecimento da corporação e de manipulação organizacional utilizadas pelo psicopata corporativo geralmente levam à descoberta pela empresa e ao conflito entre esta e o psicopata. No entanto, o psicopata pode alcançar um nível tão alto na companhia que o conflito não ocorre ou se torna virtualmente impossível de resolver.

O psicopata corporativo procura atingir diversos tipos diferentes de vítima. Esses tipos de vítima variam conforme a utilidade que podem ter para o psicopata corporativo, bem como o nível de poder e influência que as vítimas têm dentro da empresa. Vítimas em potencial podem minimizar significativamente o risco de serem manipuladas por um psicopata corporativo, aumentando seu conhecimento das estratégias utilizadas pelo psicopata.

O psicopata do trabalho é, claro, muito difícil de ser administrado por uma empresa. Mas existem diversas estratégias de gerência que podem ser utilizadas e, se usadas sabiamente, podem ser extremamente eficazes. Nós vamos explanar essas estratégias mais adiante, neste livro.

Nascido ou criado?

Existe alguma controvérsia sobre a questão de um psicopata corporativo ser gerado pela natureza (nascido), ou transformado (criado pelo ambiente), ou ser uma combinação dos dois. A ideia de que é uma combinação de genes, biologia e ambiente que produz a síndrome da psicopatia tem um grande alcance.

Psicopatia é uma condição para a vida toda. É um distúrbio de personalidade; dessa forma, características são apresentadas constantemente por todos os aspectos da vida do psicopata. No entanto, psicopatas são especialistas em esconder características negativas por trás do que o dr. Harvey Cleckley chama de "máscara de sanidade".

Louco ou mau?

Psicopatas corporativos – e psicopatas em geral – não são loucos. O psicopata corporativo é essencialmente mau. Ele está ciente dos efeitos que seus comportamentos têm nas pessoas ao seu redor, mas simplesmente não se importa. Pior: muitos psicopatas corporativos gostam do sofrimento das pessoas ao seu redor.

Eles podem ser curados?

"Reabilitar" o psicopata corporativo é uma proposta, no mínimo, difícil. Poucos estudos examinaram o psicopata corporativo, porém os estudos de criminosos psicopatas violentos sugerem que programas de reabilitação podem tornar o psicopata pior. O psicopata pode desenvolver novas habilidades sociais que são usadas para manipular as pessoas de forma mais eficaz.

O que pode ser feito?

A estratégia mais eficaz que pode ser empregada ao se lidar com o psicopata corporativo é ter um conhecimento detalhado de como eles operam. Uma vez que o *modus operandi* é entendido, torna-se mais simples predizer e – até certo ponto – controlar o comportamento deles.

Este livro tem como objetivo fornecer a você o entendimento e o conhecimento sobre o psicopata corporativo, necessários para lhe dar uma chance muito maior de reconhecer um psicopata e lidar com ele no ambiente de trabalho.

2
Definindo o Monstro

O psicopata corporativo obtém gratificação destruindo psicologicamente seus colegas de trabalho. Existem dois objetivos para muitos psicopatas corporativos. O primeiro é chegar ao topo pelas recompensas financeiras e o poder que a posição traz.

> David trabalhava em uma grande companhia de seguros e tinha uma variedade de técnicas e de estratégias escusas que o ajudavam a ser promovido. Entre outras coisas, ele roubava projetos de colegas para parecer melhor do que eles, espalhava rumores falsos sobre seu chefe e mentia para os clientes para garantir que conseguiria o contrato e, então, passava o trabalho para outra pessoa que iria levar a culpa quando os serviços não fossem entregues no prazo prometido. David era visto como uma estrela em ascensão na companhia. A maioria das pessoas não tinha ideia de que ele tinha conseguido, sem remorso, suas muitas promoções à custa das pessoas a seu redor.

O segundo objetivo para os psicopatas é se deleitar com o sofrimento e a miséria que eles infligem às pessoas com as quais trabalham.

> Mark era diretor da divisão australiana de uma companhia multinacional. Ele tinha lido meu trabalho de consultoria para

Definindo o Monstro

companhias com empregados "psicopatas" e marcou uma reunião, já que ele queria discutir algumas coisas a respeito de sua equipe. Mark disse que seus empregados estavam muito infelizes e constantemente sob estresse, por isso estavam pedindo demissão em taxas sem precedentes. Mark disse que sabia a causa disso: ele. Ele tinha implementado deliberadamente políticas na companhia para aumentar a carga de trabalho e o nível de estresse porque gostava de ver as pessoas tentando trabalhar sob mais pressão do que podiam aguentar. Ele queria que eu contasse a ele as estratégias usadas pelos psicopatas que eu conhecia para que pudesse usá-las também. Não é preciso dizer que eu fiquei chocado e encerrei a reunião imediatamente. Como parte de meu dever pelo bem-estar dos empregados, eu também requisitei uma reunião com o diretor dirigente australiano e o informei sobre uma provável razão para a alta taxa de demissões da companhia. Eu acredito que Mark foi transferido para uma divisão da companhia no exterior, para "desenvolvimento da carreira".

O psicopata corporativo pode ser o chefe, um empregado ou um colega. Eles usam um arsenal de técnicas psicológicas destinadas a causar o máximo de confusão e conflito possível dentro da empresa.

Uma série de traços de personalidade e comportamentais destaca-se entre os psicopatas corporativos que eu observei no curso de meu trabalho com as corporações.

Essas características podem ser listadas entre as seguintes áreas gerais:

- comportamento empresarial/gerencial
- comportamento interpessoal
- características emocionais/individuais

Geralmente, as características de conduta empresarial/gerencial são tipificadas por um desejo de aumento de poder e controle dentro da companhia. Isso geralmente cria conflito com os outros membros da empresa, porque o psicopata corporativo fará qualquer coisa necessária para conseguir esse poder e o controle. Ele se delicia com esse conflito, já que a atmosfera de confusão e hostilidade permite que ele continue manipulando a situação para sua própria vantagem.

> Anne era uma alta executiva em uma empresa de marketing. O comportamento dela era completamente imprevisível. Variava entre buscar um contrato específico até criticar seus colegas sem razão. Ela era impaciente com qualquer coisa que não a interessasse, não tinha foco para tarefas específicas (ela as delegava para outras pessoas depois de não conseguir cumprir os prazos) e seus colegas não podiam confiar em nada que ela dissesse. Uma das poucas coisas com as quais se podia contar em relação a Anne era que ela iria decepcionar você de alguma forma e sempre evitaria ser criticada por sua irresponsabilidade. Anne também era famosa por fazer qualquer coisa para "conseguir o contrato", não importava quão antiético fosse seu comportamento, depois intimidaria seus subordinados para que fizessem o impossível. No final do processo, sempre parecia que Anne ficava bem à custa daqueles que faziam o trabalho. Ela tinha uma habilidade incrível de manipular qualquer situação para sempre terminar parecendo bem-sucedida.

A conduta interpessoal do psicopata corporativo é norteada por uma falta geral de confiabilidade. Esse comportamento é caracterizado pelo tema comum de poder e controle, uma completa falta de consideração pelos sentimentos das outras pessoas, comportamento manipulativo e intimidador, enganação e charme maldoso. A conduta interpessoal gira em torno de servir os próprios interesses, por isso qualquer dano colateral causado em outras pessoas é um bônus ou não tem importância.

> Luke era um bully quando se tratava de lidar com seus subordinados. Ele não tinha noção do que seu comportamento causava nas outras pessoas. Ele gritava com as pessoas, criticava-as pelos erros que ele mesmo tinha cometido e esperava que elas fizessem coisas que sabia que não eram razoáveis. Ele xingava e intimidava os membros mais novos de sua seção e se deliciava em arruinar a carreira de qualquer um que o desafiasse. Luke não tinha a confiança de ninguém no escritório; todos sabiam que qualquer coisa que ele dissesse devia ser ouvida com receio, já que mentia sem hesitação. As pessoas que trabalhavam para ele se sentiam em uma armadilha, pois precisavam das "avaliações positivas" dele para que suas carreiras avançassem. Luke se aproveitava completamente da situação.

Uma natureza insensível, um senso grandioso de valor próprio, falta de remorso ou culpa, presunção, mentiras patológicas, emoções superficiais, promiscuidade sexual e uma natureza impulsiva são algumas das características emocionais e individuais do psicopata corporativo. Essas características individuais e emocionais são a base para os comportamentos empresariais/gerenciais e interpessoais.

Características do Psicopata Corporativo

Comportamento empresarial/gerencial	Comportamento interpessoal	Características emocionais/individuais
• Manipulativo (no âmbito empresarial) • Intolerante/facilmente entediado • Conduta antiética • Emoções imprevisíveis/superficiais • Comportamento parasita • Não se pode contar com ele • Bullying (não necessariamente confinado ao trabalho) • Busca aumento de poder e controle na companhia • Cria conflitos entre os membros da organização	• Manipulativo (no âmbito interpessoal) • Enganador/maldoso/falso • Não assume responsabilidade pelas próprias ações • Intimidador • Charmoso/superficial	• Insensibilidade • Falta de consciência • Grandiosidade/presunção • Egocêntrico/narcisista • Emoções superficiais • Mentiras patológicas • Problemas conjugais • Promiscuidade sexual • Impulsividade

3
Características Específicas

Como mencionado na seção anterior, psicopatas corporativos têm diversos fatores distintos: empresariais/gerenciais; interpessoais; e individuais/emocionais. Esses fatores caracterizam tanto seu comportamento quanto sua abordagem em relação à vivência diária.

Comportamento manipulativo empresarial e interpessoal

O psicopata corporativo manipula os sistemas sociais estabelecidos na empresa para causar confusão, avançando na própria carreira ou destruindo a das outras pessoas. Psicopatas corporativos usam a enganação para manipular os sistemas e procedimentos corporativos a fim de minimizar o risco de serem identificados como "manipuladores". Eles também recrutam membros desavisados da companhia para ajudá-los em suas manipulações das políticas corporativas. Psicopatas organizacionais também podem manipular pessoas selecionadas na companhia para criar uma situação vantajosa para si mesmos.

> James era um vendedor de carros ambicioso. Ele acreditava que estava pronto para a gerência (depois de trabalhar no pátio dos carros por seis meses) e estava preparado para

fazer qualquer coisa necessária para chegar lá. Ele orquestrou uma situação em que seus colegas de trabalho começaram a se sentir usados pelo pessoal da gerência e as vendas caíram enquanto o descontentamento crescia. James continuamente atiçava o descontentamento dos trabalhadores, criando rumores frequentes sobre as viagens de negócios e gastanças da gerência enquanto o salário-base dos vendedores não mudava em razão de "dificuldades financeiras".

Ao mesmo tempo, James fazia ligação com a gerência e sabotava seus colegas. A gerência começou a confiar em James porque seus conselhos sobre os colegas, os quais ele estava espionando, provaram ser corretos. No final, James tornou-se o líder do time, encarregado de seus colegas. Ele tornou as condições de trabalho tão desagradáveis para alguns de seus antigos "amigos" que eles decidiram partir. James assumiu o controle de seus colegas e as vendas subiram, fazendo com que James parecesse bem aos olhos da gerência. Seus colegas de trabalho se sentiram traídos, mas não podiam fazer nada, uma vez que a gerência já estava desconfiada deles e confiava implicitamente em James.

Comportamento antiético

Códigos de conduta e de moral aceitos não significam nada para os psicopatas corporativos. Eles vão prometer mais do que são capazes de entregar, chantagear pessoas para obter contratos e parecer bem em suas empresas, ter relacionamentos sexuais com pessoas sobre as quais tenham autoridade ou influência, fazer registros falsos para mostrar trabalhos terminados que eles não fizeram e assumir o crédito pelo trabalho de outras pessoas. Falhas na lei são plenamente exploradas. Geralmente, eles veem o mundo como uma oportunidade e vão obter o que quiserem, não importa o custo para outras pessoas. Se for necessário quebrar regras ou códigos de conduta para atingir seus objetivos, que seja.

> Dr. William Harrison era bem conhecido entre os criminosos e usuários de drogas por estar sempre disposto a fornecer atestados médicos falsos e remédios. Dr. Harrison exigia apenas duas coisas dos pacientes para os quais ele prestava serviços especiais: favores sexuais e cocaína ou ecstasy. O dr. Harrison não era usuário de drogas; ele simplesmente tinha um estilo de vida extravagante para manter (incluindo diversas amantes) e vendia as drogas que obtinha para seus amigos.

Intolerantes/facilmente entediados

Os psicopatas corporativos ficam entediados e intolerantes com situações e pessoas muito rapidamente. Eles também demonstram pouquíssima paciência para lidar com os problemas diários ou os relativos a seus funcionários e colegas de trabalho. Na verdade, eles geralmente veem os outros colegas de trabalho como se estivessem num nível abaixo deles e acham que não vale a pena perder tempo, a menos que isso dê a eles algum prazer ou benefício na carreira. Eles gostam de criar excitação e estímulo para si próprios, seja arquitetando uma crise, seja correndo riscos com o dinheiro da companhia. Eles podem trocar muito de emprego, já que a rotina de trabalho se torna monótona, ou assumem diversos papéis dentro de um ambiente de trabalho para garantir estimulação constante. No entanto, assumir diversos trabalhos ou papéis dentro de uma companhia não significa que todos esses trabalhos serão terminados. O psicopata corporativo raramente termina alguma coisa, ele geralmente a "delega" para outras pessoas ou sai de uma situação em que o trabalho não foi produzido como prometido na conversa.

> Sharon era a coordenadora de bem-estar de empregados em um grande departamento governamental. Ela era intolerante e se entediava facilmente, não dando importância a questões de bem-estar de empregados com quem ela não se importava. (Ela pegou o emprego porque ficava perto de casa, o que permitia que ela se ausentasse do escritório sem ser notada). Sharon negligenciava seus deveres de tal forma que um empregado que tinha se envolvido em um incidente extremamente traumático tentou se matar depois de pedir ajuda a Sharon diversas vezes. Sharon não conseguiu entender por que foi repreendida e não tinha nenhum remorso por não ter feito seu trabalho, já que "a entediava". Ela via a pessoa que tentara se matar como fraca em um mundo onde as pessoas precisam ser fortes.

Comportamento imprevisível/ emoções superficiais

O psicopata corporativo é comumente visto como impulsivo e apresenta um comportamento errático. Ele muda constantemente de projetos, de forma que seus colegas de trabalho nunca sabem o que está acontecendo em um determinado momento. Isso significa que as pessoas nunca sabem em que projetos o psicopata está trabalhando ou se um trabalho foi finalizado corretamente. Tal confusão também permite que esse tipo de psicopata sobreviva, sem ser descoberto, em um ambiente de trabalho em constante mudança. A natureza imprevisível do psicopata corporativo está fortemente ligada às emoções superficiais. A habilidade de mudar rapidamente as emoções para corresponder a uma determinada situação confunde os outros, permitindo que o psicopata desvie a atenção de um problema que poderia refletir negativamente nele. Esse tipo de comportamento causa medo entre as pessoas que trabalham com o psicopata corporativo, já que elas nunca sabem o que esperar. Isso deixa as vítimas de um psicopata corporativo indefesas e aumenta seus níveis gerais de estresse no ambiente de trabalho – exatamente o que o psicopata corporativo quer.

Comportamento parasita

O psicopata corporativo é geralmente um parasita quando se trata de sobreviver e crescer no ambiente de trabalho. Comportamento parasita inclui assumir o crédito pelo trabalho dos outros, enganar outras pessoas para fazer o trabalho dele e "delegar" todo o trabalho para os funcionários juniores. Existem três formas principais por meio das quais o psicopata corporativo é capaz de fazer com que outras pessoas terminem o trabalho para ele. Primeira: ele pode usar intimidação e ameaças para coagir um colega de trabalho a fazer o trabalho dele. Segunda: ele identifica uma pessoa fraca ou vulnerável e deliberadamente usa seus pontos fracos para manipulá-la. E, por fim, ele pode se apresentar como sendo indefeso ou merecedor de compaixão ou simpatia, chantageando emocionalmente colegas de trabalho para que façam o trabalho dele. O psicopata corporativo não tem consideração pela pressão que seu comportamento parasita impõe aos colegas de trabalho. De fato, como já vimos, alguns psicopatas corporativos em posições mais elevadas gostam de proporcionar mais estresse a seus funcionários. O comportamento parasita não está limitado apenas ao ambiente de trabalho. Geralmente, eles também exploram amigos e família, por exemplo, pedindo "empréstimos" que nunca pagam ou encorajando pais a hipotecar suas casas para que possam se aproveitar do dinheiro.

Cheryl era uma professora que apresentava diversas características psicopatas, uma das quais era seu comportamento parasita. Ela nunca preparava as aulas; em vez disso, ela pegava planos de aula "emprestados" de outros professores da escola. Quando o diretor a elogiava pela alta qualidade de suas aulas, Cheryl respondia que os outros professores da escola concordavam e pediam emprestados seus planos de aula. Cheryl encorajava os pais de alunos a fazerem favores pessoais para ela, tais como lavagem e reparos de carro gratuitos, pequenos consertos domésticos, descontos em viagens e daí por diante. Cheryl também fazia com que professores mais novos corrigissem a lição de casa dos alunos dela como parte da "supervisão" dela sobre as novas carreiras deles. Geralmente, Cheryl tinha gente para fazer tudo por ela e levava crédito por tudo.

Não confiável/não assume responsabilidade pelo comportamento

Nada é culpa do psicopata corporativo. Nunca! É sempre culpa de outra pessoa ou então falha de comunicação. Se uma pessoa depende do psicopata corporativo, é altamente provável que ela vá se decepcionar, com grande prejuízo para si mesma. O psicopata geralmente vai se voluntariar para projetos que o farão parecer bem e consistentemente deixar de cumprir sua parte no acordo. Quando contratos de clientes não são cumpridos, o psicopata corporativo tenta fugir da responsabilidade minimizando as consequências, dizendo coisas como "é só negócio" e "é a sobrevivência do mais forte, se eles são burros o suficiente para acreditar que podíamos cumprir um contrato tão absurdo, eles merecem tudo o que aconteceu".

A não confiabilidade no trabalho pode ser vista pelo fato de ele estar sempre atrasado, ter desempenho pobre ou ser descuidado no trabalho, pelas licenças de saúde constantes e pelas promessas de trabalho nunca cumpridas. Decepcionar as pessoas geralmente acontece não apenas na situação de trabalho, mas também, por exemplo, por meio dos atrasos no pagamento de empréstimos, do histórico de crédito pobre, do não pagamento de pensão alimentícia, ao "se esquecer" de buscar as crianças na escola e daí por diante. A responsabilidade por desempenho ruim ou por decepcionar colegas é negada, não importa quantas evidências existam. Psicopatas corporativos geralmente desviam a atenção de si mesmos.

> Entre outras características de psicopatia empresarial, Scott geralmente chegava ao trabalho muito atrasado. Ele perdia reuniões importantes, alegando que estava ocupado, cuidando de outros negócios, e que não tinha tempo para as questões mundanas do dia a dia em que a companhia se envolvia. Ele negava ser preguiçoso ou incompetente, apesar de nunca produzir nada. Ele alegava que todos na companhia o estavam perseguindo e frequentemente "não conseguia se lembrar" de que eventos as pessoas estavam falando quando era acusado de não realizar o trabalho satisfatoriamente. Scott fazia com que as pessoas com as quais trabalhava parecessem amadoras; elas tinham que disfarçar as ausências dele ou arriscavam perder seus bônus, já que a companhia era estruturada de forma a pagar o time (em vez de os indivíduos) pelo trabalho benfeito.

Bullying no ambiente de trabalho

Bullying é o comportamento repetitivo que tem por objetivo fazer outra pessoa se sentir mal ou causar sofrimento psicológico. O bullying psicológico executado pelo psicopata corporativo pode incluir isolamento social, humilhação, abuso verbal, críticas desmerecidas, supervisão intrusiva, registros injustificados feitos em arquivos pessoais, separar pessoas para dar tratamento diferenciado, ameaças físicas e violência. Psicopatas corporativos geralmente se esforçam muito para isolar e intimidar indivíduos vulneráveis. Normalmente, eles criam uma "cultura de silêncio" para se protegerem, o que permite que eles continuem com tal comportamento sem empecilhos.

Não é incomum que o psicopata corporativo pratique bullying contra outras pessoas em suas vidas, particularmente contra membros da família. No entanto, eles podem camuflar seu comportamento tão bem que amigos, familiares e colegas de trabalho geralmente não acreditam que o ofensor é na verdade um bully. Eu vi diversos casos nos quais as pessoas na verdade defendiam o comportamento do psicopata corporativo sem perceber a extensão do problema até que evidências irrefutáveis foram apresentadas. Infelizmente, a demora em identificar tais evidências significa que a vítima sofrerá por mais tempo.

> Denise era uma assistente de serviços ao consumidor de 23 anos em uma grande cadeia de restaurantes. Um amigo dela recomendou meus serviços a ela, pois ela sentia que sua vida estava se despedaçando em razão de sofrer bullying por parte de Susan, uma gerente em treinamento de 21 anos. Denise apresentava altos índices de ansiedade e demonstrava comportamentos que mostravam sinais de um episódio depressivo. Susan constantemente implicava com Denise sem motivo. Ela criticava continuamente o trabalho de Denise sem justificativa e a humilhava na frente dos clientes e de outros funcionários. Denise não podia responder, pois fora ameaçada de demissão, algo que ela não podia aguentar, já que tinha acabado de comprar um carro e precisava pagar as prestações. Os turnos de Denise eram constantemente remarcados em cima da hora e ela nunca recebia hora extra.
>
> Susan perguntava continuamente a Denise como ela tinha

conseguido um emprego lá, dando a entender que o emprego estava muito acima da capacidade dela. Denise recebia todas as tarefas desagradáveis; não importava se outra pessoa estivesse doente ou se os banheiros precisassem ser limpos, Denise era a primeira pessoa chamada se Susan estivesse de serviço. De fato, Denise recebia tantas tarefas adicionais que não conseguia cumprir todas, então era chamada por Susan e admoestada verbalmente por não cumprir seu trabalho. Denise foi informada claramente que se não conseguisse realizar o trabalho seria demitida.

Susan mentia para os outros gerentes da loja sobre Denise, de forma que nenhum deles lhe dava referências. Ela estava efetivamente presa em uma armadilha, em uma posição intolerável. O estresse da situação se tornou tão insuportável que Denise foi forçada a vender seu carro e pedir demissão. Ela sentiu que nunca seria capaz de trabalhar para outra pessoa de novo. Susan tinha abaixado tanto a autoestima de Denise que ela não tinha confiança em si mesma de forma alguma. Foram necessários meses de aconselhamento para Denise se sentir em condição de procurar outros empregos.

Buscar mais poder e controle na companhia

O psicopata corporativo vive pelo poder e controle sobre outras pessoas. Faz com que ele se sinta como "Deus" saber que tem o destino de outras pessoas em suas mãos e que não há nada que suas vítimas possam fazer a respeito. Ter a habilidade de distribuir tarefas para outros funcionários, de contratar e despedir, de dirigir as estratégias de negócios da companhia em favor próprio, de ganhar mais dinheiro e ser visto como importante e ter à disposição funcionários para cuidar de suas necessidades pessoais, tudo isso alimenta esse senso de poder e controle. Ele não se importa tanto com a opinião que outras pessoas têm a respeito dele e não se sente particularmente orgulhoso de sua influência aumentada dentro da companhia. É a sensação de "possuir" outras pessoas que é importante para ele, juntamente com o desafio de ganhar ainda mais poder e controle em seu ambiente de trabalho. O psicopata corporativo constantemente se empenha em estratégias manipulativas e condutas antiéticas e enganadoras para continuar sua ascensão nas fileiras da organização. Essa escalada ao topo estimula o psicopata corporativo – "a emoção da caçada". Essa emoção é similar àquela sentida pelo criminoso psicopata violento quando está antecipando o crime que irá cometer. Mas, em vez de possuir fisicamente as vítimas, como um psicopata criminoso violento faz, o psicopata corporativo possui e, algumas vezes, destrói psicologicamente as pessoas.

Criar conflito entre os membros da organização

Geralmente se diz que há força nos números. Se o psicopata corporativo puder criar conflito entre os colegas de trabalho, isso permitirá que ele controle esses colegas mais facilmente. O psicopata também se satisfaz em ver pessoas se insultando e se machucando umas às outras. Geralmente, o conflito é criado usando duas estratégias específicas.

A primeira é escolher um colega de trabalho que é diferente de todos os outros. Essa diferença pode ser uma característica física ou de personalidade (pessoas extremamente introvertidas são um alvo preferencial, por ser menos provável que ofereçam resistência). O psicopata, então, manipula seus colegas de trabalho para colocar essa pessoa "diferente" no ostracismo. A vítima obviamente resiste a esse tratamento e assim há conflito entre o excluído e os outros no grupo de trabalho. Dependendo do quão forte a vítima seja, o conflito pode durar um longo período de tempo. Isso satisfaz o psicopata, já que a atenção é convenientemente desviada dele.

Alguns psicopatas corporativos podem se tornar "líderes" ao instigar continuamente o ataque e desenvolver aliados no ambiente de trabalho. Esses aliados podem ser usados para criar mais conflito. Eles também podem fornecer uma poderosa base de apoio para o psicopata em seus esforços para ser promovido.

A segunda estratégia usada para criar conflito é espalhar rumores sobre outros funcionários. Usando os rumores falsos, o psicopata corporativo vai criar a impressão de que tem informações internas da organização. Gerentes que são psicopatas corporativos geralmente usam rumores para encorajar competição intensa entre os membros da equipe. Isso serve para proteger a posição deles, atraindo atenção para as posições inferiores às deles.

> Louise era uma corretora imobiliária e trabalhava em um escritório no subúrbio. Ela era uma vendedora júnior e queria um papel mais importante na companhia. Ela se ressentia do fato de os outros ganharem mais do que ela por "saber" que eles nunca seriam tão bons quanto ela. Louise era muito atraente e flertava com os vendedores do escritório. Ela também inventava rumores sobre outra vendedora, Natalie, que já trabalhava no escritório havia muitos anos. Ela esperava tornar a vida de Natalie tão desagradável a ponto de esta querer partir e deixar seu emprego e seu salário para Louise.
>
> Louise fingia ser amiga de Natalie e disse a ela que iria reclamar de que Greg, outro vendedor do escritório, estava roubando seus clientes. Logo, Greg e Natalie não se gostavam e o resto do escritório também foi arrastado nesse conflito. Louise simplesmente observava e manipulava cada lado para garantir que o conflito continuasse. Um escritório que fora feliz era agora extremamente disfuncional.

Enganador/desonesto/mente frequentemente

Ser enganador e criar estratégias desonestas no ambiente de trabalho são características fundamentais da conduta interpessoal dos psicopatas corporativos. Eles conseguem perceber rapidamente o que as pessoas querem ouvir e conseguem criar uma história que corresponda às expectativas do ouvinte. A história deles não é necessariamente bem pensada, mas o sucesso da enganação geralmente depende do charme superficial do psicopata corporativo e de sua habilidade de influenciar um grupo de pessoas sem que elas percebam o que está realmente acontecendo. Os ouvintes geralmente são enganados pela forma como a história é contada, e não pelo que ela contém.

Comportamento intimidador

O psicopata corporativo é geralmente capaz de identificar o quão longe ele precisa ir para intimidar seus colegas de trabalho. Vulnerabilidades psicológicas são rapidamente identificadas e exploradas sem piedade. Por exemplo, uma pessoa que não tem autoconfiança pode ser objeto de ridículo verbal por parte do psicopata na frente dos colegas de trabalho, já que não ousa criticar ou enfrentar o psicopata. O psicopata corporativo também pode fazer ameaças físicas. Pessoas que tiveram experiências com tal tipo de psicopata no ambiente de trabalho contam que alguma coisa no psicopata era ameaçadora, fazendo-as se sentirem assustadas, como se o psicopata tivesse um poder e uma influência ainda maiores e elas não pudessem ousar desafiá-lo ou irritá-lo. Essa ameaça de intimidação é ampliada aos colegas de trabalho que veem o que acontece com aqueles que enfrentam o psicopata. As vítimas geralmente pedem demissão, são transferidas para outra seção, tornam-se extremamente miseráveis ou sofrem um bullying constante por parte do psicopata. A coisa que os colegas de trabalho acham mais alarmante de todas é o distanciamento emocional do psicopata – sua fria indiferença e o fato de fazer o que for necessário para alcançar seu objetivo é realmente assustador.

Charmoso/superficial

O psicopata corporativo pode ser muito charmoso, assumindo o controle de uma conversa ou de um grupo de pessoas e direcionando-as em qualquer sentido que sirva a suas necessidades. Ele conta histórias espirituosas, sabe fazer as pessoas rirem (geralmente à custa de outra pessoa) e é geralmente muito divertido. Muitas vezes, o psicopata corporativo parece ter um conhecimento extenso em um grande número de áreas. Quando descoberto por um ouvinte mais atento, ele não se abala e muda de tópico ou encoraja seu crítico a falar mais sobre o assunto para não ser pego da próxima vez. O psicopata pode forçar o caminho para uma conversa e, simplesmente pela força de seu charme e de sua personalidade, as pessoas vão acreditar nele. Se questionado sobre os fatos, o psicopata vai tentar desviar a conversa para outra direção. Quando a falta de conhecimento do psicopata corporativo é descoberta, ele não mostra muita preocupação – se é que mostra alguma – e disfarça a falha em sua história mudando os fatos. Alguns psicopatas corporativos têm muito orgulho de sua capacidade de persuadir pessoas a fazerem coisas que normalmente não fariam, usando seu charme e sua boa habilidade de comunicação.

Os dados apresentados acima são características gerais que podem ser encontradas em um psicopata corporativo. No entanto, para as pessoas que trabalham com o psicopata corporativo, nem sempre é possível observar essas características no convívio diário. A lista a seguir fornece alguns exemplos de comportamentos que colegas de trabalho podem observar em um psicopata corporativo. Quanto maior for o número de comportamentos apresentados pela pessoa em questão, mais urgente é a necessidade de uma investigação pronta e completa por parte de um consultor independente. Se múltiplos comportamentos forem observados, no mínimo, uma análise interna pelo departamento de recursos humanos deve ser realizada.

Comportamentos para se ter cuidado incluem (mas não se limitam a):

- Humilhar uma pessoa em público gritando com ela, ataques de raiva, ridicularizar uma deficiência profissional ou física
- Espalhar maliciosamente mentiras sobre uma pessoa para depreciar a reputação dela na organização
- Não demonstrar remorso ou culpa por seu comportamento
- Mentir frequentemente
- Mudar rapidamente de emoções para manipular situações ou causar altos níveis de medo
- Ignorar uma pessoa para isolá-la dos recursos empresariais e dos sistemas de apoio, fazendo a vítima se sentir socialmente excluída e indefesa, aumentando sua vulnerabilidade
- Acusar uma pessoa de cometer erros ou de não completar o trabalho quando o acusador sabe que o que está dizendo não tem fundamento. Isso serve para humilhar ou desviar a culpa do psicopata corporativo que não conseguiu completar o trabalho
- Encorajar os colegas de trabalho a perseguir, atormentar e humilhar o outro colega
- Assumir o crédito pelo trabalho de outra pessoa
- Roubar ou sabotar o trabalho de outra pessoa para que essa receba uma reprimenda ou seja humilhada por não completar trabalhos para os quais foi designada
- Recusar-se a aceitar a responsabilidade
- Usar ameaças de demissão, ações disciplinares, "marcas negativas" em registros pessoais como forma de intimidar os outros
- Estabelecer tarefas inalcançáveis aos empregados para que eles falhem e permitir que eles sofram medidas disciplinares em nome da companhia
- Recusar-se a comparecer a reuniões com mais de uma pessoa,

pois assim não poderá colocar a culpa em terceiros quando acusado de não realizar algo
- Recusar-se a fornecer treinamento adequado à vítima que foi selecionada ou escolhida como alvo
- Invadir a privacidade de outros vasculhando e-mails, arquivos e conteúdo da mesa
- Ter encontros sexuais múltiplos com empregados juniores e/ou seniores
- Desenvolver ideias novas e nunca executá-las – geralmente, as ideias são apresentadas no último minuto a outras pessoas que o psicopata corporativo vai culpar se a ideia nova falhar
- Ser narcisista, falando sobre si mesmo, agindo com presunção, acreditando que o mundo gira a seu redor
- Pedir dinheiro emprestado de colegas de trabalho sem a intenção de pagar
- Fazer o que quer que seja necessário para conseguir um contrato ou um acordo, independentemente de quão antiético ou ilegal esse comportamento possa ser

4
Manipulando Empresas

O psicopata corporativo manipula a empresa desde o início. A manipulação acontece em todos os estágios de sua carreira – começa quando o psicopata se candidata ao emprego e continua enquanto ele ascende nos níveis da empresa. Algumas vezes, quando a manipulação é descoberta, o psicopata corporativo está em uma posição tão poderosa que é difícil lidar com a situação. Isso custa à companhia quantias enormes de dinheiro e pode ser devastador para as pessoas que trabalham com ou para o psicopata corporativo.

Como o psicopata escolhe seu empregador

Psicopatas corporativos preferem trabalhar em empresas que estão passando por mudanças, reestruturação ou expansão rápida. Esses ambientes corporativos caóticos tornam mais fácil para o psicopata permanecer despercebido por períodos maiores de tempo, já que eles se escondem por trás da confusão da empresa. Em alguns casos, o psicopata pode até parecer ser um empregado em ascensão porque ele rouba as ideias de outras pessoas e as apresenta para a direção como sendo suas.

> Dianne estava tentando desesperadamente impressionar seu chefe, já que as pessoas estavam começando a questionar seu pobre desempenho de trabalho. Ela constantemente deixava de entregar os trabalhos que lhe eram designados e, quando o fazia, eram de uma qualidade tão ruim que tinham de ser refeitos por outra pessoa. Dianne

costumava falar com todos que podia no escritório, fingindo estar interessada em seus projetos e reclamando de que a companhia não aceitava pensamentos criativos e novas ideias.

Outro funcionário, Ian, concordava com ela e, conforme eles conversavam sobre as coisas e se conheciam melhor, ele confidenciou a ela que tinha ideias que poderiam melhorar a empresa. Dianne ouviu atentamente, concordando com ele, elogiando e garantindo que ela iria manter as ideias dele em segredo. Logo em seguida, Dianne escreveu um relatório sugerindo as mudanças de Ian para a direção, que examinou e adorou as ideias.

Dianne passou a ser considerada uma empregada fantástica e seu chefe imediato recebeu ordens para pressioná-la menos, já que ela era uma "funcionária em ascensão" e precisava de espaço para a criatividade. Também disseram a ele que nem todo mundo podia ser tão brilhante e criativo como Dianne e que, se ele estivesse com inveja dela, era melhor ir embora em vez de ficar descontando nela.

Quando o chefe de Dianne e Ian confrontaram a direção e alegaram que as ideias, na verdade, pertenciam a Ian, eles ouviram que era "patético" tentar roubar o crédito pelas ideias de Dianne e que pessoas como eles podiam ser mais adequadas para outra empresa a menos que se comportassem mais profissionalmente. Dianne não apenas conseguiu ficar na empresa, mas também garantiu proteção por parte da direção para seu inadequado comportamento no trabalho. Os colegas de Dianne e de Ian ficaram divididos sobre quem havia tido as ideias; Dianne tinha "turvado" as águas de tal maneira que eles não sabiam em que ou em quem acreditar.

Como a empresa escolhe o psicopata corporativo

Geralmente, o processo de seleção do empregador é bastante padronizado. Anunciam a posição, recebem e escolhem currículos, entrevistam candidatos em potencial que sejam adequados aos critérios de seleção, fazem checagens de referências e oferecem o emprego ao melhor candidato. Infelizmente, o psicopata corporativo normalmente parece ser a pessoa certa, porque ele falsifica seu currículo e mente sobre si mesmo para se ajustar melhor ao que o empregador está procurando. Algumas descrições de emprego até mesmo anunciam traços que o psicopata corporativo tem em abundância. Considere os anúncios de emprego a seguir:

> *Você precisa ser inovador, com algo especial a oferecer. Sem dúvida, você vai precisar ter liderança e habilidade de influenciar e ser capaz de deslumbrar um grupo de seleção cético. Nós queremos alguém que possa ver o quadro geral e cause um impacto profundo. Sua formação pode ser em... qualquer coisa, você deve ser alguém especial. Salário: mais de $ 150 mil por ano.*

Essa era uma posição de direção na qual o candidato sugerido poderia facilmente roubar a companhia em grande escala.

> *Você precisa ter um grande desejo de realizar coisas, capacidade de persuadir e influenciar outros, excelentes habilidades de comunicação... Você quer trabalhar com os melhores. Você gosta tanto de competir quanto de ganhar. Você acredita em altas recompensas por grandes níveis de desempenho. Salário $ 85 mil por ano.*

Esse anúncio atraiu um psicopata corporativo que acabou sendo recrutado. Se eu estivesse realizando um estudo no qual precisasse encontrar psicopatas corporativos, colocaria anúncios similares a esses acima na seção de classificados dos jornais. De fato, alguns pesquisadores nos Estados Unidos fizeram exatamente isso. Eles anunciaram a procura de "pessoas aventureiras que levam vidas excitantes... pessoas charmosas que são irresponsáveis, porém boas em lidar com pessoas". Eles receberam muitas respostas de psicopatas subcriminais para seus anúncios.

Fica claro, com base nos anúncios acima, que ser volúvel, ter charme superficial, falta de remorso ou culpa e tendência a se entediar são características que algumas corporações estão buscando em seus anúncios. Obviamente, essas corporações não estão procurando um psicopata, no entanto os anúncios que elas colocaram podem muito bem atrair o psicopata corporativo, tanto quanto não psicopatas.

Candidatar-se ao emprego e entrevista – entrando na empresa

Ao contrário do que as pessoas imaginam, o psicopata corporativo acha particularmente fácil conseguir uma posição em um grande número de companhias. Quando se trata de recrutamento, a maioria das companhias usa uma empresa de recrutamento ou contrata funcionários diretamente. A seleção de funcionários é baseada, em grande parte, na qualidade dos currículos dos candidatos, na habilidade verbal, nas impressões da gerência e, algumas vezes, na checagem de referências. O desempenho em empregos anteriores também é analisado em algumas posições, no entanto, "desempenho" geralmente diz respeito à quantidade de dinheiro, às vendas, contas e daí por diante, coisas pelas quais o candidato era responsável. Mais uma vez, essa informação geralmente é apresentada pelo candidato ao emprego e é, portanto, passível de ser falsificada, já que o empregador anterior dificilmente apresentará informações tão sutis dos negócios.

Depois do processo de análise de currículos, vem a fase das entrevistas. O psicopata corporativo se excede nessa fase do processo de seleção. Ele usa seu charme e sua excelente habilidade de comunicação com enorme efeito, apresentando a imagem do candidato perfeito para a posição.

Amy era uma gerente de recursos humanos experiente em uma grande companhia farmacêutica. Ela queria saber como impedir que "funcionários difíceis" fossem contratados por sua empresa, já que era extremamente caro e consumia muito tempo monitorar o comportamento e a produtividade deles.

Amy descreveu um exemplo no qual Chris, de 34 anos, fora contratado como gerente de vendas. Ele havia sido recomendado pela empresa de recrutamento como sendo um candidato "excepcional" e tinha se destacado em sua entrevista final com Amy e outras pessoas experientes de RH; Amy registrou em suas anotações da entrevista que ele era "um promissor futuro líder na companhia". Chris parecia antecipar as perguntas que os entrevistadores faziam, respondendo cada uma muito bem e com confiança. Ele era obviamente inteligente e extrovertido, alegava ser um jogador de equipe e, de acordo com suas experiências anteriores (sobre as quais ele não foi inteiramente sincero), era um líder consciente que iria aumentar as vendas para a marca. Ofereceram a vaga a Chris.

Depois de alguns meses, as vendas despencaram no time de Chris e sua equipe se recusou a trabalhar com ele (mais tarde, descobriram que Chris estava passando informações comerciais importantes para a gerente de vendas de uma companhia rival, com quem ele estava tendo um caso). Apesar disso, alguns diretores gostavam dele e o viam como um funcionário promissor com um futuro brilhante. Foi só depois que uma armadilha envolvendo informações sigilosas da companhia foi montada que os diretores perceberam que tipo de pessoa Chris era e o convidaram a se retirar.

Eu disse a Amy que não há uma forma infalível de detectar esse tipo de pessoa, mas que um determinado número de checagens básicas deveria ter sido realizado antes de se contratar Chris.

Políticas do escritório e o psicopata corporativo

O número e o tipo de estratégias usadas pelo psicopata corporativo para subir na empresa variam. Isso ocorre porque o psicopata corporativo é um manipulador, inteligente e charmoso, que reage a cada situação de forma diferente. Existem três objetivos gerais das estratégias manipulativas implementadas nos estágios iniciais da carreira do psicopata corporativo.

• O primeiro objetivo é criar desarmonia entre os colegas de trabalho. Nessa confusão, o psicopata é capaz de jogar as pessoas umas contra as outras sem que elas percebam o que está acontecendo. Simultaneamente, o psicopata corporativo é capaz de se tornar atraente aos olhos da gerência, resolvendo situações aparentemente impossíveis. Ele demonstra sua habilidade de liderança à custa de seu supervisor, que não aparenta ser capaz de resolver a situação criada pelo psicopata.

• O segundo objetivo é espalhar desinformação sobre rivais de dentro da companhia. Esses rivais incluem colegas de trabalho no mesmo nível do psicopata e também pessoas em posições mais elevadas do que a dele. Geralmente, essa desinformação é espalhada por meio de terceiros dentro da empresa. Por exemplo, o psicopata corporativo pode se tornar amigo de uma secretária ou de um entregador que tem contato frequente com todos da empresa. O psicopata, então, conta a essa pessoa um boato ou uma série de rumores sobre um alvo específico, sabendo que esses rumores serão rapidamente espalhados por toda a empresa. Ele também pode sabotar o trabalho de outra pessoa, passar para colegas de trabalho, por meio de trapaça, tarefas impossíveis de serem realizadas para que o fracasso seja inevitável, esconder problemas do supervisor até o último minuto para que ele não apresente a produção que é esperada dele e criticar o chefe diretamente para a direção, ignorando a cadeia de comando.

• O terceiro objetivo das estratégias manipulativas do psicopata é impressionar a gerência – para se mostrar da melhor forma possível. Isso é alcançado ao se assumir o crédito pelo trabalho dos outros (ou mesmo roubando o trabalho), criando crises e, então, "salvando o dia" de forma bastante perceptível, exagerando seus feitos, atravessando a cadeia de comando para impressionar diretores diretamente, fazendo com que terceiros espalhem rumores positivos sobre ele, voluntariando-se para projetos extras sem nunca completá-los, procurando apresentar projetos que vão lhe garantir alta exposição dentro da companhia, cortando custos e sobrecarregando funcionários em curto prazo para garantir uma promoção sem considerar o lado ruim para a companhia.

No entanto, é importante observar que o psicopata corporativo não trata todos os empregados e colegas de trabalho da mesma forma. Ele trata as pessoas seletivamente de acordo com a utilidade que possam ter para ele. É aí que a importância da estratégia de manipulação desenvolvida pelo psicopata entra em jogo. O nível de sofisticação difere de um psicopata para outro. Assim, diferentes níveis de sucesso são observados quando se olha para psicopatas empresariais específicos.

O dr. Paul Babiak relata descobertas similares em corporações americanas que tiveram psicopatas corporativos. Na fase que Babiak chama de fase da "análise", o psicopata "rapidamente analisa a utilidade dos membros da organização e pode rapidamente transformá-los em simpatizantes por meio de seu charme. A utilidade dos colegas de trabalho (para o psicopata) é baseada na posição, no poder, nas habilidades técnicas, no acesso à informação e no controle de recursos" (Babiak, 1995, p. 16). Em outras palavras, o psicopata corporativo valoriza pessoas importantes, pessoas capazes de realizar o trabalho que ele deveria fazer, pessoas com acesso às informações de que o psicopata precisa e pessoas que controlam os sistemas corporativos, tais como guardas de segurança (para acesso ao prédio) e auditores. Sistemas corporativos são avaliados de forma igualmente rápida pelo psicopata, que busca falhas e mecanismos para evitar problemas. Eles aprendem a esconder seus comportamentos, além daqueles que eles podem ter "sem se meter em problemas" na empresa.

A polícia empresarial

Trabalhadores cuja função é fiscalizar os empregados, como auditores, pessoal de recursos humanos e do controle de qualidade, são os inimigos naturais do psicopata e percebem rapidamente a natureza fundamental desses indivíduos. Não é fácil manipulá-los ou enganá-los, já que eles se baseiam em números frios para analisar o que está acontecendo em vez de considerar as promessas verbais do psicopata sobre o que vai acontecer no futuro. No entanto, muitas vezes, quando essas pessoas tentam levantar alguma preocupação, não são ouvidas pelos que têm autoridade, porque o psicopata já estabeleceu as bases para proteger sua posição.

Corporações psicopatas?

Uma área interessante diz respeito às semelhanças entre "valores" corporativos e psicopatia. Podemos chamar as táticas e estratégias usadas por empresas para alcançar seus objetivos de psicopatas? Se analisarmos algumas das características dos psicopatas, diversos aspectos do comportamento corporativo podem ser considerados "psicopatas".

No entanto, já que uma empresa não é um indivíduo, ela claramente não pode ser diagnosticada como sendo psicopata. Os dados são discutidos para promover consciência de como uma cultura corporativa pode refletir certos valores que são sinônimos de psicopatia. Corporações na sociedade ocidental são movidas em grande parte pela competição e a pergunta precisa ser feita: "Até que ponto a postura de vencer a qualquer custo e o comportamento competitivo parecem com psicopatia?"

Pode ser intrigante analisar as características listadas abaixo.

Enganador e superficial

Muitas empresas contratam consultores de mídia e de relações públicas para criarem uma determinada imagem para si mesmas, usando expressões "atraentes" e terminologia bastante superficial. Por exemplo, a maioria dos anúncios pode ser considerada enganadora e superficial, mostrando aos consumidores todos os aspectos positivos de um bem ou serviço e ignorando todos os aspectos ruins.

Egocêntrico e grandioso

Muitas empresas são presunçosas e imbuídas da sensação de que precisam continuar a crescer e se tornar "líderes de mercado" ou a corporação mais importante em seus mercados.

Falta de remorso ou culpa

Empresas "sentem" exatamente o contrário de remorso ou culpa quando um competidor entra em colapso ou "morre" por causa das ações delas. A empresa vê isso como um competidor a menos em seu mercado, o que significa alcançar uma parcela maior desse mercado. A "morte" de outra empresa é vista como uma oportunidade. Algumas corporações na verdade buscam o colapso econômico dos competidores, fazendo tudo o que podem para "matar" financeiramente seus competidores.

Enganador e manipulativo

Corporações não são sempre honestas. De fato, em algumas grandes corporações que foram recentemente investigadas por reguladores governamentais, uma cultura de enganação e manipulação de acionistas e consumidores pareceu ser a "norma". Seria interessante saber quantas outras companhias enganam acionistas e clientes com o intuito de "gerar lucro".

Parasita

Pode-se interpretar como ser parasita ou viver à custa das circunstâncias infelizes de outras pessoas quando grandes multinacionais "exploram" trabalhadores mal pagos de países do Terceiro Mundo. Muitas multinacionais têm fábricas em nações do Terceiro Mundo, onde seus produtos são feitos a um custo mínimo (porque eles exploram trabalhadores muito pobres), e depois vendem esses bens com níveis significativos de lucro no mundo ocidental. A opinião pública tornou essa prática menos atrativa do ponto de vista das relações públicas. Algumas multinacionais pararam de usar fábricas no Terceiro Mundo e compram os mesmos itens das mesmas fábricas do Terceiro Mundo por meio de subcontratos para poderem negar que exploram trabalhadores do Terceiro Mundo. Isso pode ser visto como um comportamento manipulativo e enganador motivado pelo lucro (ou "autogratificação") da companhia.

Parece haver um paradoxo entre seres humanos individuais versus objetivos corporativos quando se trata de coexistência e comportamento altruísta. As corporações são encorajadas a competir umas com as outras e a vencer a qualquer custo. Em contraste, os indivíduos são encorajados a trabalhar juntos em redes sociais; caso contrário, a sociedade não funcionaria direito. Corporações são encorajadas a serem movidas pelo interesse próprio, indivíduos são encorajados a pensar sobre o que é bom para a sociedade e a colocar os próprios interesses depois dos objetivos da sociedade. Coesão é crucial para a sobrevivência da raça humana.

Seria possível que a raça humana sobrevivesse se todas as pessoas na Terra tivessem os mesmos valores e as mesmas atitudes das corporações em relação a outras corporações e consumidores?

5
Manipulando Pessoas

O psicopata corporativo geralmente é considerado, por aqueles que acabam de conhecê-lo, como uma pessoa sincera, brilhante, poderosa e um bom comunicador. A opinião de alguns colegas de trabalho nunca muda. O psicopata corporativo nunca deixa que eles enxerguem por trás da máscara que ele (ou ela) apresenta para o mundo. Outros colegas de trabalho ficam cheios de medo e raiva ao pensar no mesmo psicopata. O psicopata corporativo usa uma série de táticas e estratégias complicadas para lidar com essas visões discrepantes, facilitando sua entrada e subsequente ascensão na companhia que o emprega.

Reconhecimento corporativo e avaliação dos colegas

Tão logo que o psicopata corporativo entra em uma empresa, ele avalia as pessoas com quem vai trabalhar, assim como os sistemas corporativos que modelam as condições de trabalho delas. Isso vale para qualquer novo empregado, seja psicopata ou não; é natural avaliar seu novo ambiente e os colegas de trabalho. O psicopata corporativo tenta identificar imediatamente a utilidade de determinados colegas e as falhas no sistema corporativo que vão permitir a ele fazer o que quiser sem ser interrompido pelas pessoas que fiscalizam as regras da companhia. O psicopata corporativo também identifica fraquezas e vulnerabilidades apresentadas pelos vários colegas que possam ser exploradas, se necessário, em um momento posterior.

Dividir e conquistar

Não é incomum para a direção, a gerência de recursos humanos, os supervisores e colegas de trabalho terem diferentes impressões a respeito do mesmo psicopata corporativo. Isso ocorre porque o psicopata corporativo identifica o quão útil cada uma dessas pessoas pode ser e cria uma visão específica para os "poucos escolhidos", vistos como úteis.

Cultivar redes de poder e influência

O nível de poder e influência que uma pessoa tem na organização é o critério de avaliação usado pelo psicopata. Diretores, que normalmente não lidam diariamente com o psicopata corporativo, ficam deslumbrados com esse tipo de psicopata e o enxergam como um empregado promissor que precisa ser cuidado. O psicopata corporativo geralmente vai escolher um alvo específico entre os diretores, fazendo atividades similares (correndo, tomando um drinque depois do trabalho, tendo crianças na mesma escola, fazendo compras, começando e terminando o trabalho na mesma hora) para garantir contato frequente e uma eventual "amizade".

Ele também vai tentar conquistar o assistente pessoal do diretor, o que lhe permitirá ter acesso ao diretor a qualquer momento. O assistente pessoal também confirmará a opinião do diretor sobre o psicopata corporativo se algum dia lhe perguntarem. Quando essa estratégia é bem-sucedida, o psicopata corporativo ganha de maneira inteligente um poderoso aliado na empresa, que geralmente fala aos outros diretores sobre esse "funcionário promissor". Diretores são geralmente pessoas inteligentes, que não podem se dar ao luxo de errar, particularmente na frente de seus colegas. Uma vez convencidos de algo, dificilmente mudam de opinião, já que diretores hesitam em admitir que cometeram um erro a respeito de uma pessoa que achavam que conheciam.

Apenas depois que repetidos incidentes são trazidos a sua atenção, eles concordam que "pode" haver um problema e estabelecem um sistema para analisar esse problema.

Colegas no mesmo nível do psicopata corporativo são geralmente bem tratados enquanto ele se ambienta. Eles geralmente relatam que a pessoa era charmosa, divertida, fazia com que se sentissem bem, era inteligente e sempre estava presente quando necessário. O psicopata parece ser amigo de todo mundo, mas na realidade ele está preparando seus colegas para serem "funcionários não favoráveis" a fim de eliminar a competição quando chegar a época das promoções. A primeira vez que as vítimas se dão conta dessa campanha de "punhalada nas costas" é quando elas vão reclamar do psicopata (e ficam sabendo que o psicopata já registrou inúmeras reclamações a respeito delas) ou quando elas não recebem a promoção que merecem. É nesse ponto que os colegas do psicopata percebem a verdadeira natureza de seu "amigo", mas é tarde demais para fazer alguma coisa, pois o psicopata já ocupa uma posição hierárquica mais alta do que a deles e, então, suas reclamações normalmente são vistas como maldosas.

Colegas em posição hierárquica inferior à do psicopata são tratados de forma semelhante. Geralmente, eles são levados a pensar que o psicopata é aliado deles, até que percebem que foram usados para alavancar a carreira do psicopata ou simplesmente para diverti-lo.

A mecânica da manipulação

O psicopata corporativo geralmente passa por cinco estágios quando manipula pessoas no âmbito individual. Esses estágios são intuitivos para o psicopata, em vez de serem usados conscientemente. No entanto, são técnicas psicológicas extremamente poderosas que têm por alvo a vulnerabilidade psicológica de uma pessoa e que depois exploram essa fraqueza para servir aos propósitos do psicopata.

Estágio 1: Encontrando o alvo

O psicopata corporativo se apresenta e bombardeia as vítimas com tantas informações que elas não têm tempo para pensar. Uma vez que as vítimas não têm tempo para avaliar o que o psicopata está dizendo, estão mais propensas a acreditar nele. Isso é particularmente verdadeiro, já que o psicopata geralmente elogia as vítimas, fazendo-as se sentirem bem. Daí por diante, as vítimas gostam de estar com o psicopata porque se sentem bem a respeito de si mesmas e de suas vidas, algo que geralmente não experimentavam havia muito tempo. Nesse ponto, o psicopata é amigável e parece disposto a fazer qualquer coisa para agradar suas vítimas.

Estágio 2: Estabelecendo harmonia

O psicopata se mantém próximo às vítimas, eliminando a possibilidade de elas discutirem o comportamento do psicopata com outras pessoas que não estejam envolvidas emocionalmente na situação. O psicopata mantém essa harmonia discutindo e participando de atividades que interessem às vítimas. O psicopata está garantindo que a falsa percepção que as vítimas têm dele seja profundamente assimilada.

Estágio 3: Identificar as necessidades das vítimas

O psicopata, de modo esperto, descobre o que as vítimas precisam ouvir para que possa enganá-las com sucesso. O psicopata identifica pontos fracos emocionais da vítima, como não se sentir amada, ter ganância por mais dinheiro, insegurança sobre o futuro financeiro, desejo por promoção, necessidade de se sentir importante na empresa, de se sentir incluído no "círculo" e daí por diante. Uma vez que as necessidades das vítimas são identificadas, o psicopata fabrica uma série de mentiras que sugerem ou prometem que essas necessidades serão satisfeitas desde que as vítimas continuem a confiar no psicopata.

Estágio 4: Criar dor emocional

Quando as vítimas começam a questionar as promessas do psicopata e duvidar delas, o comportamento muda. Ainda mirando nos pontos fracos emocionais das vítimas, o psicopata agora começa a atacá-las, em vez de inflar a autoestima delas. Ele pode ameaçar as vítimas ou deixar implícito que uma pessoa que já tem baixa autoestima é "burra" por não confiar no psicopata ou perguntar como os membros da família vão se sentir quando as vítimas não conseguirem aquela promoção que está "logo ali, depois da esquina". Eles enfatizam como as vítimas vão se sentir se os sonhos emocionais e físicos a que o psicopata aludiu não forem satisfeitos. Para as vítimas, é ainda mais difícil perceber que foram enganadas pelo psicopata; elas foram encorajadas a pensar em seus sonhos e acreditar que estes estavam prestes a se tornar realidade, apenas para vê-los destroçados. Essa tortura emocional é combinada com a angústia de perceber que foram usadas e depois descartadas.

Estágio 5: Psicologia reversa

O psicopata enfatiza nesse ponto que talvez as vítimas não mereçam ter seus desejos realizados, já que elas não têm a coragem ou a determinação para alcançá-los sem a ajuda dele. As vítimas, que confiaram e muitas vezes ainda confiam no psicopata, continuam a fazer o que ele pede para provar o comprometimento delas com ele. O psicopata geralmente finge que as vítimas não fizeram o suficiente para ganhar de novo sua "confiança". Geralmente, quando as vítimas percebem que foram enganadas, a dignidade delas sofre também. Elas têm pouquíssima confiança em sua habilidade de tomar decisões porque percebem que confiar no psicopata foi o maior erro de suas vidas.

Sigilo

Sigilo é fundamental para a sobrevivência dos psicopatas corporativos. Para não serem desmascarados, eles dependem de que cada vítima não saiba que a outra vítima existe. Se as pessoas que foram manipuladas falassem umas com as outras sobre suas experiências, a extensão da enganação do psicopata seria revelada. Dessa forma, o psicopata corporativo está em um jogo de subterfúgios que nunca acaba, no qual ele usa as redes sociais para espalhar desinformação a fim de que ninguém realmente perceba a extensão de seu engodo.

É essa manipulação deliberada das redes sociais que diferencia o psicopata corporativo das pessoas que jogam com a política dos escritórios. Quando se trata de estabelecer e manter redes elaboradas baseadas em mentiras, o psicopata corporativo não tem igual. Essa também é uma das razões por que é tão difícil lidar com o psicopata corporativo. Nunca se sabe quem recebeu desinformação dentro da empresa e o psicopata garante que as pessoas estejam muito ocupadas lutando por sua própria sobrevivência para se preocuparem com outras possíveis vítimas. É por esse motivo que informação e um grupo fechado e unido são as melhores defesas contra o psicopata corporativo.

6
Efeitos nas Vítimas

Assim que o psicopata do trabalho identifica uma vítima, ele usa as estratégias mostradas no capítulo anterior para "fisgar" a infeliz pessoa. Qualquer que seja a estratégia que o psicopata do trabalho use contra a vítima, diversas reações similares são observadas. Vítimas do psicopata corporativo caracteristicamente relatam se sentir como se tivessem perdido o controle sobre suas vidas. Ataques de pânico, depressão, distúrbios de sono e pesadelos, problemas de relacionamento, confusão, descrença, culpa, falta de confiança, raiva, impotência, flashbacks, vergonha, constrangimento e disfunções sexuais são apenas alguns dos sintomas relatados pelas vítimas.

Muitas vítimas que pedem demissão afirmam ser incapazes de procurar outro emprego, já que não confiam mais nas pessoas. Outras perdem a confiança em sua capacidade de realizar adequadamente seu trabalho.

Funcionários que decidem permanecer no emprego muitas vezes demonstram ter rancor em relação à empresa para a qual trabalharam tanto; eles acreditam que ela os decepcionou ao não acreditar neles ou protegê-los. Membros seniores da companhia também ficam bastante desiludidos quando descobrem que foram manipulados por um psicopata.

O que está acontecendo comigo?

Pessoas que foram vitimadas física, financeira, psicológica ou sexualmente por um psicopata do trabalho contam que experimentaram uma série de reações e sentimentos, desde choque e descrença até raiva e ansiedade. Todos nós experimentamos esse tipo de sentimento no ambiente de trabalho, em algum momento de nossas vidas, mas é a manipulação prolongada por um psicopata corporativo para criar essas reações que tem um efeito danoso. Aprendendo a lidar com essas reações de uma forma positiva, a vítima tem mais chance de sobreviver ao encontro com um psicopata.

Choque e descrença

Quando uma pessoa percebe que está sendo ou foi manipulada ou diretamente confrontada por um psicopata, ela pode experimentar uma sensação de choque e descrença, de que isso "não pode estar acontecendo". Algumas vítimas também dizem que acham difícil aceitar que o confronto ou a manipulação aconteceu e sentem que devem estar ficando loucas ou imaginando coisas, ou, ainda, fazendo uma tempestade em copo de água.

> O gerente de Mary a atacou sexualmente enquanto estavam em uma conferência. Ele forçou a entrada no quarto dela depois de uma noite de bebedeira e tentou beijá-la. Quando Mary recusou, ele deu um tapa no rosto dela e a forçou a deitar na cama. Mary gritou e ele saiu correndo do quarto. Mary ficou deitada na cama em choque absoluto e aterrorizada, com medo de que ele voltasse. Ela então começou a questionar se aquilo tinha realmente ocorrido; ela se sentia como se tivesse imaginado a coisa toda. Quando ela foi ao banheiro e viu a marca vermelha no rosto, soube que era real. No entanto, Mary não delatou o gerente de área, pois ele tinha família e ela não queria desfazê-la. Ela racionalizou que ele estava bêbado e não era uma pessoa ruim de verdade; talvez ela estivesse exagerando o que tinha acontecido. O gerente de área de Mary foi posteriormente demitido por assediar sexualmente uma vítima diferente.

Raiva

Vítimas de psicopatas do trabalho podem sentir raiva e ódio em relação ao psicopata por diversas razões. Raiva é uma emoção que as pessoas geralmente dirigem às outras quando acreditam que algo injusto ou ruim está acontecendo. Essa emoção normalmente anda de mãos dadas com um sentimento de ameaça ou insegurança. Algumas vezes, a raiva não é dirigida ao psicopata, mas a alguém próximo da vítima. Essa raiva deslocada acontece quando a vítima não pode reagir ou acha difícil ficar com raiva do psicopata do trabalho.

Reações raivosas podem incluir impaciência, agir por impulso, dizer coisas das quais mais tarde se arrepende ou se tornar agressivo física ou verbalmente. Reações de raiva frequentes podem se tornar física e emocionalmente desgastantes, afetar a concentração e interferir com a felicidade e os relacionamentos das pessoas. Raiva constante pode acabar afetando o sistema imunológico do corpo, causar pressão sanguínea alta, aumentar o risco de doença do coração e hipertensão. Também pode levar ao abuso de álcool ou de drogas como uma forma de automedicação para aliviar o sofrimento que vem sentindo.

Sentir raiva pode, muitas vezes, interferir com a habilidade de pensar racional e claramente sobre a situação. A vítima se foca nas violações percebidas e nas injustiças cometidas contra ela pelo psicopata, o que pode aumentar o sentimento de raiva. As vítimas geralmente não conseguem parar de pensar na situação. Elas contam que ficam repassando mentalmente cada um dos detalhes de suas conversas com o psicopata do trabalho, especulando o que poderia ter acontecido "se" elas tivessem dito ou feito alguma coisa diferente.

Algumas vítimas se tornam passivo-agressivas. Passivo-agressividade é quando uma pessoa tenta punir ou machucar outra pessoa usando estratégias sutis como ficar em silêncio ou não dar atenção. As vítimas podem ignorar ou responder friamente ao psicopata e prometer realizar trabalhos que não têm a intenção de completar. Esse tipo de estratégia geralmente exacerba a situação para a vítima.

Medo e ansiedade

Um sentimento de apreensão e terror de que algo ruim vai acontecer é outra resposta sentida pelas vítimas do psicopata. Caracteristicamente, essas pessoas têm medo de outras pessoas, de estar na presença do psicopata e do ambiente físico de seu local de trabalho.

A ansiedade, assim como a raiva, é um estado de perturbação emocional geralmente acompanhada por sintomas desagradáveis como falta de ar, palmas das mãos suadas, boca seca, batimentos cardíacos acelerados, tensão muscular e aperto no peito. Todos se sentem ansiosos ocasionalmente, é um mecanismo de sobrevivência útil. No entanto, sentimentos contínuos de ansiedade que se originam do fato de a pessoa acreditar que não pode escapar do psicopata em seu ambiente de trabalho se tornam ansiedade crônica. Essa é uma das condições psicológicas mais pesadas, uma vez que diminui a capacidade da pessoa de aproveitar a vida, porque ela está ansiosa e estressada.

> Frank trabalhava no serviço público havia nove anos quando foi promovido para a posição de líder de equipe. Ele estava extremamente orgulhoso de sua promoção, já que estudara à noite na universidade para obter o diploma necessário para ascender no trabalho. Ele conhecia seus deveres de trás para frente e no geral seus companheiros gostavam dele.
>
> Apesar de estar preparado e de ter trabalhado tanto para conseguir sua promoção, Frank estava nervoso em seu primeiro dia no novo papel. Ele conheceu sua equipe e disse o que esperava dela. Havia um membro da equipe que era extremamente ambi-

cioso e que também tinha se candidatado para a função agora ocupada por Frank. Ele se ressentia da promoção de Frank e estava determinado a sabotá-lo a cada oportunidade. Ele se recusava a fazer seu trabalho, ignorava Frank (passivo-agressividade), deliberadamente debochava de Frank na frente da equipe e dizia abertamente que Frank não era a pessoa certa para o cargo. Ele também registrava queixas de Frank junto à diretoria, alegando fraudulentamente que Frank não tinha o apoio da equipe inteira.

Frank percebeu que os outros membros da equipe estavam perdendo o respeito por ele e que alguns o desafiavam abertamente e não realizavam suas funções.

Frank relatava que estava se sentindo cansado o tempo todo, tinha dores de cabeça tensionais constantes, falta de confiança em sua habilidade e, em algumas ocasiões, ele até experimentou reações quase de pânico antes de sair para trabalhar. Frank também se irritava com facilidade e sua esposa relatava que eles estavam brigando mais desde a promoção dele. Frank pensava constantemente no trabalho, o que o deixava ainda mais ansioso, pois revivia o que acontecia a cada dia.

Frank ficou nessa posição por dois anos antes de receber outra promoção para um departamento diferente. Quando saiu, percebeu que seus sintomas de ansiedade desapareceram gradualmente em poucos meses.

A ansiedade não é apenas uma sensação física. Ela também influencia a forma como as vítimas pensam sobre sua situação no trabalho e em casa. Sentir-se ansioso pode causar a "visão de túnel", que foca a atenção da vítima naquilo que a faz se sentir ansiosa. A visão de túnel limita a capacidade da vítima de pensar claramente ou de processar outras informações de forma normal. Por exemplo, se uma pessoa está ansiosa sobre o comportamento de um psicopata do trabalho, ela pode

Efeitos nas Vítimas

planejar falar com o psicopata, mas fica tão nervosa que não consegue se lembrar do que queria dizer. A pessoa se sente mais desamparada e sua autoestima cai ainda mais.

Apesar de nem todo estresse no ambiente de trabalho ser causado pelo psicopata do trabalho, alguns sinais desse tipo de estresse incluem:

- Sentir-se irritado e/ou cansado
- Ter problemas para se concentrar
- Perda de senso de humor
- Brigas mais frequentes com aqueles ao seu redor
- Menor produtividade no trabalho
- Doenças mais frequentes
- Falta de preocupação com o trabalho
- O ato de ir trabalhar todo dia se torna um esforço
- Perda de interesse em atividades fora do trabalho

Vergonha e constrangimento

Algumas vítimas se sentem envergonhadas ou constrangidas por não conseguirem lidar com um psicopata do trabalho. Elas também descrevem se sentir como se todo mundo ao redor estivesse ciente do que está acontecendo com elas e julgando-as fracas e inúteis. Elas geralmente interpretam o que as pessoas dizem para elas como se estivesse relacionado com a experiência específica delas e reagem de forma inapropriada.

> Jane era vítima de um psicopata corporativo em sua posição como trabalhadora voluntária para uma organização de caridade. Ela se envergonhava do que estava acontecendo com ela, pois acreditava que era uma pessoa forte, que podia cuidar de si mesma. No

> entanto, a autoestima dela despencava à medida que o psicopata impiedosa e sistematicamente a fazia parecer ruim diante de seus colegas de trabalho. Jane se sentia envergonhada demais para dizer a alguém o que estava acontecendo com ela no trabalho.
>
> Numa noite em que tinha saído com as amigas, uma delas comentou que Jane deveria sair com mais frequência em vez de fazer tanto trabalho voluntário. Para a surpresa de suas amigas, Jane explodiu, dizendo que ninguém tinha o direito de julgar o que ela fazia com seu tempo. Ela assumiu erroneamente que sua amiga estava criticando a forma como ela "se deixava" manipular pelo psicopata corporativo. A amiga dela não tinha ideia de que Jane estava sendo manipulada; seu comentário inocente foi mal interpretado porque Jane estava preocupada e envergonhada.

Sentimentos de vergonha e constrangimento podem se tornar tão avassaladores que afetam a capacidade da pessoa de viver normalmente. Algumas vítimas se recusam a interagir com outras pessoas, pois temem que seu "segredo" seja descoberto. Uma cliente minha, que havia sido vítima por muitos anos, precisava ser assegurada semanalmente de que tudo o que era discutido em nossas sessões de aconselhamento era confidencial. Ela acreditava que, como trabalhava em uma companhia que empregava pessoas de negócios ricas e poderosas, sua vida seria destruída se alguém descobrisse que ela fora vítima de uma delas.

Medo de ser desacreditado

Pelo fato de os psicopatas do trabalho não serem reconhecidos como um problema comum, as vítimas geralmente relatam um medo de que ninguém vá acreditar nas coisas terríveis que foram feitas com elas. Geralmente, esse medo de que não acreditem nelas é reforçado quando um gerente ou um colega não acredita nas alegações da vítima contra o psicopata do trabalho. O medo de que não acreditem nela aumenta a sensação de isolamento, fazendo-a se sentir mais vulnerável às estratégias usadas pelo psicopata.

> Sue vivia com um homem que batia nela repetidamente. Ele a tratava extremamente mal, mas nunca deixava marcas que não pudessem ser cobertas pelas roupas de Sue. Ela mantinha seus machucados cobertos porque se sentia envergonhada por "deixar" o abuso acontecer. Todos pensavam que o marido de Sue era fantástico, ele era extremamente charmoso em situações públicas e sociais. Os vizinhos pensavam que ele era ótimo, a família de Sue acreditava que tinha muita sorte pelo fato de Sue ter encontrado um homem tão bom e os colegas de trabalho dele gostavam de trabalhar com ele.
>
> Quando Sue finalmente relatou o que estava acontecendo para a polícia, todos os "amigos" dela disseram a ela que parasse de ser tola e de inventar coisas sobre o marido. Isso até Sue mostrar a eles os machucados. Acontece que o marido de Sue também estava desviando dinheiro de sua firma para cobrir dívidas de jogo e despesas decorrentes do fato de ter uma amante vivendo em um luxuoso apartamento e que gostava de viajar internacionalmente na primeira classe. Alguns dos colegas do marido ainda não acreditavam nisso. Eles achavam que um psicopata corporativo e criminoso violento iria parecer "anormal", não alguém que era um amigo de confiança e colega por tantos anos.

Culpa e confusão

As pessoas geralmente sentem culpa por sua inabilidade para enfrentar o psicopata do trabalho. Elas culpam a si mesmas por serem manipuladas ou atacadas. Essa autorresponsabilização e a culpa podem levar à confusão no que diz respeito ao melhor modo de agir, uma vez que as vítimas ficam presas na ansiedade, tentando resolver o que parece ser um problema insolúvel.

Sentir-se impotente, fora de controle ou "ficando louco"

Vítimas de um psicopata do trabalho geralmente sentem que não têm controle sobre suas vidas. Eles percebem que seus pensamentos e comportamentos são dominados pelo psicopata do trabalho; pensam constantemente no trabalho e no que poderiam ou deveriam ter feito em determinadas situações. Elas não têm controle de saber quando ou como o psicopata vai maltratá-las. Essas pessoas se sentem impotentes e incapazes de mudar a situação.

Em consequência, as interações da vítima com outras pessoas geralmente mudam. Isso reforça o sentimento de que estão fora de controle, porque tudo em suas vidas parece estar mudando, e é uma mudança negativa ou prejudicial. A vida parece diferente para elas. Uma vez que as vítimas pensam que suas vidas mudaram, elas geralmente se sentem impotentes, porque não conseguem ver uma forma de voltar a suas antigas vidas e se sentirem felizes.

Falta de confiança e medo de pessoas

A falta de confiança nos outros é um resultado direto da contínua manipulação do psicopata sobre a vítima. A vítima perde a fé em outros seres humanos, pois aprendeu que pessoas lhe causam dor emocional e, às vezes, física. O fato de muitas vítimas inicialmente terem gostado do psicopata e acreditado nele, quando o conheceram, contribui mais para a perda de confiança em sua habilidade para identificar pessoas que possam ser perigosas física ou psicologicamente.

> Leanne foi vitimada de forma tão severa por um psicopata corporativo que foi forçada a sair de um emprego que inicialmente amava. Ela fez diversas sessões de aconselhamento nas quais desenvolveu estratégias para encontrar um emprego e reconstruir sua autoestima. Leanne finalmente encontrou um novo emprego. As pessoas com as quais trabalhava eram gentis, porém ela não confiava nelas. Abertamente, ela documentava tudo o que elas diziam ou faziam para o caso de precisar usar qualquer das informações em uma futura ação legal. Os colegas dela se sentiam intimidados por esse comportamento e não interagiam com ela. Leanne se sentia socialmente isolada e largou o emprego. Ela acreditava que estava certa em não confiar em ninguém, já que na verdade ela não se machucava quando era isolada por seus colegas. Ela não percebia que, se ela se abrisse, provavelmente teria ficado no emprego e reconquistado um pouco de sua confiança nas outras pessoas.

Flashbacks

As vítimas, muitas vezes, percebem que ficam repassando incidentes nos quais acham que foram vitimadas pelo psicopata. Depois de um tempo, esses pensamentos constantes podem se tornar flashbacks, que são acionados por coisas que lembram a elas os incidentes. Por exemplo, um cheiro específico, uma hora do dia, locais específicos ou ver alguém que lembre o psicopata do trabalho. A princípio, esses flashbacks podem ser incontroláveis, mas com o tempo eles geralmente se tornam menos frequentes.

Distúrbios de sono e pesadelos

Padrões de sono problemáticos é outro resultado de ser vítima. Isso pode incluir uma incapacidade de dormir (insônia) ou dormir demais (hipersônia). Pesadelos também podem ser uma resposta comum, porém isso normalmente diminui algum tempo depois do último incidente experimentado pela vítima.

Problemas de relacionamento

Perda de confiança em outras pessoas, desejo de ficar sozinho, desejo de estar com alguém o tempo todo e dificuldades em relacionamentos íntimos são outras consequências de ser vítima no ambiente de trabalho. Por ter um efeito extremo na vítima, o psicopata do trabalho também tem um impacto negativo nas famílias das vítimas e em seus amigos.

Depressão

Todo mundo se sente chateado ou triste de tempos em tempos, normalmente por causa de desapontamentos ou perdas. Depressão é uma condição debilitante que interfere com a habilidade de uma pessoa de experimentar prazer, interagir com outras pessoas e participar da vida. Existem diversos graus de tristeza e depressão, incluindo humor depressivo, transtorno distímico e depressão clínica ou severa.

Humor depressivo é um estado emocional que faz as pessoas se sentirem tristes, infelizes e "para baixo". Geralmente, passa depois de um curto período de tempo. Quando a causa do humor depressivo é um psicopata do trabalho, isso pode se tornar crônico e o humor depressivo pode durar longos períodos de tempo.

Transtorno distímico é uma depressão média crônica. As vítimas se sentem tristes constantemente, pessimistas ou, muitas vezes, apáticas.

Outros sintomas são: pouca energia, baixa autoestima, irritabilidade, culpa, falta de concentração e dificuldade para tomar decisões. As vítimas geralmente se veem como não interessantes e incompetentes e se envolvem cada vez menos em situações sociais.

Depressão severa é uma condição mais grave e debilitante do que o transtorno distímico. Inclui baixa energia, perda de interesse nas coisas e falta de prazer. Para ser diagnosticada, cinco dos sintomas a seguir (incluindo pelo menos um dos dois primeiros) devem ter sido experimentados pelo menos por um período de duas semanas:

- humor depressivo durante grande parte do dia
- interesse reduzido por atividades prazerosas
- mudanças de apetite e de peso
- mudanças no padrão de sono
- falta de energia
- sentimento de culpa ou de inutilidade
- agitação ou desaceleração de movimentos físicos
- inabilidade de se concentrar ou de tomar decisões
- pensamentos recorrentes de morte ou suicídio

A depressão clínica pode ser leve, moderada ou grave. Pessoas com depressão leve ainda são capazes de trabalhar e viver, no entanto experimentam pouca alegria nisso. Pessoas com depressão moderada têm maiores bloqueios sociais e ocupacionais. Elas não conseguem fazer muita coisa em razão de pouca concentração ou inabilidade de se relacionar com outras pessoas. Pessoas com depressão severa experimentam uma série de sintomas, incluindo mudanças no apetite, falta de energia, pensamentos recorrentes de morte, para citar alguns, e para elas a capacidade de fazer qualquer coisa é extremamente limitada. Mesmo tarefas menores, como sair da cama ou tomar café da manhã, parecem um desafio para elas.

Conseguir ajuda

Se você ou alguém que você conhece está experimentando um ou vários desses sintomas, é importante que busque assistência profissional. Diversos profissionais diferentes podem ajudar. Tanto um psiquiatra como um psicólogo ou conselheiro podem ajudar de diversas formas. É importante que o profissional seja bem treinado e experiente em lidar com questões que surgem do contato com o psicopata do trabalho ou outros tipos de comportamentos disfuncionais do ambiente de trabalho.

Antes de obter ajuda, é importante para a vítima perceber quais sintomas está experimentando em consequência de sua relação com o psicopata do trabalho, por exemplo:

- ansiedade, estresse, preocupação excessiva sobre a situação de trabalho
- inabilidade para dormir
- coração disparado
- hiperventilação (respiração rápida e superficial)
- inabilidade de se concentrar
- dores de cabeça tensionais ou enxaquecas
- vergonha ou constrangimento que resultam em uma mudança de comportamento notável
- sensação de borboletas no estômago quando está no local de trabalho, indo para lá ou voltando de lá
- músculos cansados ou dor nas articulações
- depressão
- qualquer problema de pele, como coceiras, bolinhas e outros, que ocorram depois do começo da perseguição
- abuso ou uso exagerado de substâncias, como álcool, tabaco, drogas legais ou ilegais, para lidar com a situação
- perda de cabelo
- pressão alta

- úlceras estomacais
- pensamentos suicidas (você deve procurar alguém imediatamente se estiver experimentando isso)
- síndrome de fadiga crônica
- febre glandular
- perda ou ganho significativo de peso
- sentimento de exaustão
- sentimento de irritação ou de estar no limite o tempo todo
- dificuldade de confiar ou acreditar em qualquer um
- problemas de relacionamento (mais brigas, etc.)
- perda de interesse na atividade sexual

Também é importante para vítimas do psicopata do trabalho não sentirem que estão vivendo o estresse sozinhas. Amigos e família devem se envolver no processo se a vítima se sentir confortável com isso, já que podem fornecer redes de apoio muito importantes em um momento difícil na vida da vítima.

7
Protegendo-se

Ter um psicopata corporativo em sua vida é exaustivo física, psicológica e emocionalmente. Eu recebo diversos e-mails e muitas cartas de pessoas que dizem ter sido vítimas de um psicopata, pedindo uma solução que faça o problema "desaparecer".

Infelizmente, não existe solução simples para lidar com o psicopata corporativo. Estratégias diferem conforme a posição de trabalho da vítima em relação ao cargo do psicopata corporativo. As estratégias também se baseiam nas características de cada psicopata e da pessoa que está sendo vitimada. As vítimas não estão sempre em uma posição que lhes permita lidar efetivamente com um psicopata corporativo.

Quando se pode lidar com um psicopata corporativo, diversos princípios gerais se aplicam. Talvez o mais importante venha de uma pesquisa realizada por psicólogos que lidam com o aprendizado humano, psicologia empresarial, psicologia forense e psicologia clínica.

O psicopata corporativo como chefe

Se você tem um chefe que é um psicopata corporativo, o dano que ele pode causar a sua carreira começa antes de você estar ciente de que há um problema. Nós vimos que o psicopata corporativo ataca em duas frentes: ele prejudica a sua reputação e torna seu ambiente de trabalho um local extremamente desagradável (na verdade, psicologicamente insalubre) de estar.

Seu chefe pode prejudicar sua reputação com a diretoria em reuniões que você nem sabe que ocorreram. Mais ainda: você não é chama-

para essas reuniões porque elas estão "acima de seu nível hierárquico". Já que a diretoria "sabe" de você apenas com base no que seu chefe relata a ela, ela pode ter uma impressão extremamente negativa sua sem que você saiba que há um problema. A única forma eficaz de combater essa estratégia utilizada é garantir que não haja base para que alegações injustas sejam feitas contra você. É igualmente importante garantir que a direção esteja ciente o bastante de seu trabalho para perceber que você é um funcionário valioso.

> Sue trabalhava como servidora pública de nível médio para uma agência do governo. Ela veio me ver porque não aguentava mais o estresse do trabalho. Seu chefe estava tornando sua vida no trabalho tão difícil que ela chorava de noite e temia ir para o trabalho a cada manhã. Sue se sentia completamente sem esperanças sobre a situação: quando ela reclamou da forma como seu chefe a tratava, foi informada de que estava prestes a ser colocada em um programa de gerenciamento de desempenho, já que seu chefe achava que ela era uma funcionária problemática. A direção disse que o chefe dela havia relatado, nos últimos meses, o mau desempenho de trabalho dela e que a reclamação que ela fazia agora soava como uma tentativa de desacreditar o chefe e encobrir as avaliações ruins. A direção concordou em investigar a reclamação de Sue, mas ela não teve notícias disso depois. Sue estava em uma situação extremamente difícil que, para o bem-estar dela, claramente tinha que mudar. Por fim, Sue encontrou um novo emprego e pediu demissão do antigo. Ela fez isso nessa ordem, para que seu chefe não pudesse sabotar seus esforços de conseguir um novo emprego. Essa foi a primeira vez em que Sue assumiu o controle da situação e isso acabou tendo um resultado bem-sucedido para ela.

Para não se tornar uma vítima, é importante implementar suas estratégias desde o começo, no emprego. O primeiro passo é garantir que a direção o conheça. Esteja preparado para conversar com os diretores sobre seu trabalho e sobre a companhia quando os encontrar e se certifique de que eles saibam de seu papel em projetos importantes que são um sucesso para a empresa. Você precisa gerenciar a impressão de seus colegas a seu respeito para garantir que as impressões deles reflitam acertadamente o bom trabalho que você está fazendo.

O psicopata corporativo conversa com a diretoria, insinua-se com pessoas-chave na empresa e faz com que saibam que ele está realizando um bom trabalho (mesmo quando o bom trabalho é realizado por outra pessoa). A diferença entre o psicopata corporativo e você é que ele está gerenciando impressões para manipular pessoas e encobrir o desempenho pobre dele, enquanto você está fazendo isso por razões honestas. Apesar de as razões diferirem, o processo é muito similar.

Você também deveria documentar tudo o que acontece com você, se tem um chefe psicopata. Tome notas em seu diário e, se existirem testemunhas, faça com que elas assinem também. Mantenha suas notas curtas e diretas e apenas inclua comportamentos fatuais. Deixe de fora suas impressões pessoais sobre seu chefe e sobre a situação. É um documento legal, não seus pensamentos sobre outra pessoa. Isso significa que você não o chama de psicopata. Em primeiro lugar, você não é qualificado para fazer esse tipo de julgamento e, em segundo, isso pode parecer não profissional e diminuir a credibilidade de suas alegações.

Quando seu chefe designar uma tarefa para você, tenha certeza de esclarecer todos os aspectos com ele por escrito (por exemplo, via e-mail). Mais uma vez, seja bastante conciso: esclareça tudo sobre os recursos que foram alocados a você, uma estimativa de tempo e o que se espera que você realize. Isso é para garantir que o psicopata corporativo não possa alegar que passou a você uma tarefa diferente, tentando afetar sua credibilidade. Você deve fazer o psicopata corporativo confirmar tudo por escrito, se possível (respondendo para seu e-mail). No entanto, nem todos os psicopatas corporativos vão responder, já que não querem ficar presos em um cenário, se precisarem mentir sobre isso mais tarde. Para contornar essa situação, você precisa mandar um e-mail para ele, conforme descrito acima, mas com uma frase como "a menos que eu receba instruções diferentes". Você pode até incluir uma declaração no final de seu e-mail dizendo que a falta de resposta é indicativa de concordância. Diversas empresas veem essa prática como um pouco "diferente" a princípio, mas acabam percebendo que é bastante profissional, porque você está tentando esclarecer os objetivos e resultados de sua tarefa.

Assim como documentar tarefas, certifique-se de documentar incidentes por escrito. Isso é o que o pessoal de recursos humanos vai lhe pedir, se tiver que registrar uma queixa. Eles vão querer evidências de comportamentos reais, não suas opiniões especulativas sobre o que está acontecendo.

Tente não reclamar sobre seu chefe de forma negativa; ninguém gosta de queixas que não sejam construtivas, que soem como ataques pessoais. Por exemplo, em vez de dizer "Tom foi muito rude comigo no escritório ontem. Ele perdeu a cabeça e me chamou de ?#$*@!", você poderia dizer algo como "Eu estou realmente preocupado com Tom. Ele me xingou ontem e não entendi por quê. Eu estava pedindo para que ele esclarecesse a tarefa ABC e ele de repente estourou!" As duas declarações deixam seu ponto claro, no entanto, uma parece mais um ataque pessoal do que a outra.

Você precisa agir de forma profissional o tempo todo ao lidar com um chefe psicopata. Nunca entre em uma competição de gritos, nunca o chame de psicopata e não tente espalhar rumores sobre ele. Se você fizer isso, sua credibilidade vai sofrer – algumas vezes, de forma irreparável – e você estará fazendo exatamente o jogo do psicopata. Além disso, quando se trata de jogar esse tipo de jogo, o psicopata corporativo experiente será provavelmente muito melhor do que você. Se você ouvir rumores que não forem verdadeiros, precisará corrigi-los imediatamente (sejam eles sobre você ou sobre outra pessoa) para minimizar os danos que eles podem causar.

Você precisa entender qual é seu lugar na empresa. Você terá o apoio do departamento de recursos humanos e da diretoria se fizer uma reclamação? Você receberá uma referência negativa (ou referência nenhuma) se sair da empresa? Você reclamou toda segunda-feira sobre seu chefe sem nenhum resultado? Você é visto como alguém que reclama demais ou como uma vítima com um problema legítimo?

Uma vez que você tenha avaliado a diferença de poder entre você e o psicopata corporativo, deve calcular os custos e os benefícios de permanecer ou não em sua empresa ou em seu departamento. Pode ser melhor aceitar uma posição em um departamento diferente dentro da mesma empresa para manter seus benefícios. Ou pode ser melhor encontrar um emprego em uma empresa diferente. É muito melhor para você tentar encontrar uma solução antes de chegar ao ponto em que você é forçado a partir (ou pela empresa ou por razões de saúde). Seu chefe pode até surpreendê-lo e lhe dar boas recomendações para se livrar de você. Psicopatas do trabalho seguem o "caminho mais fácil" e, se isso quer dizer qualquer coisa necessária para você conseguir uma transferência ou um novo emprego, é isso o que eles vão fazer. No entanto, você deve estabelecer todo o trabalho e a rede de apoio para encontrar uma função diferente muito antes de seu chefe psicopata descobrir que você está pensando em transferência. Quanto menos ele souber, menos informações poderá usar para prejudicá-lo.

O psicopata corporativo como colega de trabalho

Se uma pessoa com a qual você trabalha é realmente um psicopata corporativo, você deve perceber que ela não se importa nem um pouco com você. Ela sabe muito bem como usá-lo para fazer o trabalho dela e como prejudicar sua reputação, porque isso faz com que ela pareça bem. Não se pode confiar nela em hipótese alguma e você deveria tentar manter o máximo de distância possível dessa pessoa.

Para qualquer um que trabalhe no mesmo nível de um psicopata corporativo, as regras gerais para se proteger são similares àquelas para se lidar com um chefe psicopata. Certifique-se de anotar tudo por escrito, seja profissional, garanta que você tenha uma boa rede de pessoas (em todos os níveis de sua empresa) que saibam que você faz um bom trabalho e não tente competir com o psicopata no jogo dele. Confrontar ou tentar manipular o psicopata traz um risco extremamente grande de desastre. Você deve também avaliar os custos e os benefícios de pedir demissão ou transferência para outro local de trabalho.

Além desses princípios gerais, existem diversas estratégias específicas para se lidar com um colega psicopata. A mais importante é: você nunca deve encobrir ou terminar o trabalho do psicopata para ele. Esse comportamento de "encobrir" pode facilmente ser usado contra você, já que o psicopata é perito em culpá-lo por não completar o trabalho dele e fazer parecer que a tarefa dele era, na realidade, sua.

Você deve considerar a possibilidade de relatar oficialmente esse comportamento dele; é provável que ele esteja manipulando outras pessoas do trabalho também. Comunicar-se com os colegas sobre o que está acontecendo com você reduz sua sensação de isolamento. No entanto, tal comunicação deve ser feita de forma profissional, que não possa ser vista como "política de escritório" ou "se juntar contra" o psicopata. Lembre-se: o psicopata terá pessoas na empresa que o protegem, então essa estratégia deve ser usada com cuidado. Entenda as consequências potenciais para você, se fizer um relatório sobre a pessoa.

O psicopata corporativo como empregado

O subordinado psicopata é um desafio significativo para qualquer gerente; ele tem o potencial para destruir a carreira de um gerente. Somente quando o psicopata corporativo for aceito universalmente pela empresa como um problema é que uma solução de gerência coerente e bem definida poderá ser implementada com sucesso.

Mesmo se o psicopata for reconhecido como um problema (e isso nem sempre ocorre de qualquer maneira), lidar com ele é uma proposta difícil, na melhor das hipóteses, porque ele não quer "ajuda" para melhorar o comportamento. Para ele, a vida e o trabalho são apenas autogratificações. Em vez de procurar mudar, o psicopata corporativo irá fingir que mudou, enquanto tentará prejudicar a reputação de seu chefe da maneira que puder.

O gerente de um psicopata corporativo também deve tentar implementar as "estratégias defensivas" comuns: comunicar-se com a diretoria, agir profissionalmente, fazer notas por escrito de tudo e garantir que os canais de comunicação com todos os colegas de trabalho estejam abertos e sejam honestos. Existem outros princípios gerais que um gerente pode usar para lidar com um psicopata corporativo, bem como técnicas específicas do dia a dia.

Gerenciamento geral do psicopata

Se uma empresa reconhece que tem um psicopata corporativo trabalhando para ela, e se ela está determinada a lidar com isso, certas estratégias de gerenciamento podem ser utilizadas. Essas estratégias são baseadas nos chamados princípios instrumentais de aprendizado. Aprendizado instrumental é uma forma de aprendizado baseada em reforçar (positiva ou negativamente) e/ou punir comportamentos que são desejáveis ou indesejáveis. O primeiro e mais importante aspecto do aprendizado instrumental é "a lei do efeito". Essa lei governa se um comportamento será repetido ou eliminado do repertório de uma pessoa. Ela diz que as consequências de um comportamento determinam se o comportamento tem possibilidade de ser repetido. Em outras palavras, padrões de comportamento futuro são definidos por recompensar ou punir padrões de comportamento existentes.

Existem três tipos diferentes de estratégias de aprendizado instrumental: reforço positivo, reforço negativo e punição. Qualquer um deles ou todos podem ser usados para se lidar com um psicopata corporativo.

Reforço positivo é quando um comportamento é recompensado com algo que agrade à pessoa cujo comportamento está em questão. Por exemplo, uma criança é recompensada com um sorvete depois de arrumar o quarto. Isso significa que no futuro é mais provável que a criança arrume o quarto, já que isso está associado a receber um sorvete. Esse reforço positivo também se aplica ao psicopata corporativo, que é motivado por autogratificação. Por exemplo, o psicopata corporativo faz qualquer coisa necessária para executar uma venda e receber uma comissão. No longo prazo, fazer um grande número de vendas pode ser seguido por uma promoção que trará mais poder sobre outras pessoas na empresa.

É muito importante, ao lidar com o psicopata, examinar por quais comportamentos ele foi anteriormente recompensado. Ele foi promovido por ser impiedoso, manipulador ou mentiroso? É comum que isso ocorra. A empresa pode ter encorajado o comportamento do psicopata ao recompensá-lo.

Reforço negativo é quando um comportamento é seguido pelo término de um evento desagradável. Existem dois tipos de aprendizado associados ao reforço negativo: aprendendo a evitar e aprendendo a escapar. Aprendendo a evitar é quando uma pessoa impede que um evento negativo esperado ocorra, como colocar filtro solar antes de ir à praia para impedir um evento negativo, como uma queimadura de sol. Um psicopata corporativo na área de vendas pode aprender a evitar eventos negativos, como uma redução em sua comissão por comportamento desonesto, dizendo a verdade sobre o produto e garantindo que clientes fiquem satisfeitos.

Jenny é uma psicopata corporativa que atingia uma média de $ 100 mil em vendas por mês. Ela consistentemente era quem realizava mais vendas em sua seção e trabalhava em uma base de comissão de 10%. Jenny também tinha o maior número de clientes insatisfeitos. A maioria deles alegava que Jenny mentia sobre o que o produto era capaz de fazer. Muitos desses consumidores queriam devolver seus produtos, o que poderia causar custos financeiros à companhia, assim como prejudicar a reputação dela. Uma estratégia de aprendizado simples foi implementada para adequar o comportamento de Jenny.

Disseram a Jenny que, para cada consumidor insatisfeito que a companhia acreditasse que fora enganado, ela perderia $ 1.500 pela venda – $ 1.000 de comissão e $ 500 para reembolsar a companhia pelas despesas. Jenny aprendeu rapidamente que se ela fosse honesta com seus clientes, e ainda usasse seu charme para vender produtos, seria capaz de ter em média sete vendas por mês, fazendo $ 7.000. Se ela mentisse para os consumidores, teria uma média de quatro retornos de seus produtos, o que significa que Jenny faria apenas $ 4.000 por mês, em média, depois que a companhia lhe cobrasse $ 6.000 (quatro grupos de $ 1.500 em penalidades) de sua comissão total de $ 10.000. Era mais recompensador financeiramente, para ela, ser honesta sobre os produtos que ela estava vendendo. Jenny evitava o evento negativo de perder dinheiro sendo honesta com seus clientes.

"Aprendendo a escapar" é uma expressão usada para descrever como uma pessoa aprende a escapar de uma situação para evitar uma experiência negativa. Por exemplo, imagine que um ar-condicionado barulhento atrapalhe constantemente alguém que está tentando dormir. Numa noite, a pessoa sai da cama e chuta o ar-condicionado, que para de fazer barulho. Na próxima vez em que o ar-condicionado fizer barulho, é provável que ela o chute novamente, porque em sua mente chutar acaba com o barulho. Em outras palavras, ela aprendeu que um comportamento (chutar) encerra uma experiência negativa (ser incomodado por um ar-condicionado barulhento). No caso do psicopata corporativo, o evento desagradável de ser constantemente monitorado e colocado em estágio probatório por ter praticado bullying termina quando ele muda seu comportamento e para de agir dessa forma em relação a seus colegas de trabalho. Ele aprende que o término de um evento desagradável (estar em estágio probatório e constantemente monitorado) é associado a ele parar com seu comportamento de bullying.

Quando se tenta mudar o comportamento negativo de uma pessoa, particularmente de um psicopata corporativo, punição é instintivamente a abordagem mais óbvia. No entanto, punição é diferente de reforço positivo/negativo porque é menos eficaz para mudar ou moldar o comportamento de uma pessoa. Punição pode envolver uma consequência negativa para um comportamento, como uma criança apanhar por falar palavrão. No caso do psicopata corporativo, ele pode ser multado a cada vez que se descobrir que está assumindo o crédito pelo trabalho feito por outro colega. Punição também pode envolver a remoção de uma recompensa quando uma pessoa tem um comportamento desfavorável. Por exemplo, um psicopata corporativo pode ser rebaixado do papel de "gerente em exercício" como resultado de um comportamento que seja visto como indesejável por seu empregador.

Uma abordagem de aprendizado que se provou bem-sucedida em lidar com o psicopata corporativo é o uso de um sistema conhecido como "economia de prêmios". Economia de prêmios funciona reforçando comportamentos apropriados enquanto pune, simultaneamente, comportamentos indesejáveis, por meio do uso de "prêmios" ou recompensas para "comprar" certas coisas. Isso funciona de maneira bem simples no comportamento do psicopata corporativo. Sabendo que um psicopata corporativo deseja poder e influência (promoção) e recompensas financeiras (aumentos de salário), isso pode ser usado como um sistema de recompensas – como um antigo cartaz de estrelas douradas. O psicopata ganha prêmios ou pontos de recompensas por comportamentos que agradem (por exemplo, grandes vendas significam grandes comissões) e também por trabalhar em benefício dos outros (avaliações positivas da equipe, boas respostas de consumidores e daí por diante). Pontos de recompensa são descontados por comportamentos como reclamações da equipe, intimidar colegas, não comparecer a reuniões, etc. O critério para recompensar ou deduzir pontos é definido pela empresa baseado no que se entenda ser importante para a companhia. Diz-se ao psicopata que, num esquema de gerenciamento de desempenho, ele será promovido e/ou receberá um aumento salarial (ou outros objetivos que irão gratificar o psicopata) quando receber determinado número de pontos de recompensas.

Já que o psicopata se entedia facilmente e não tem motivação para planejamento no longo prazo, benefícios em curto prazo por alcançar certo número de "pontos de recompensa" – como dias de folga, entradas de cinema, dias de golfe – são uma boa coisa para se implementar. Outros empregados devem ser capazes de receber recompensas similares por bom trabalho para que não achem que o psicopata está recebendo tratamento "especial" pela empresa.

Um programa de gerenciamento baseado em aprendizado não muda o fato de que o funcionário é um psicopata corporativo. Ao contrário, busca reduzir o sofrimento da equipe, aumentar a produtividade, diminuir a insatisfação dos clientes e reduzir as taxas de demissão dos funcionários ao lidar com o comportamento do psicopata corporativo.

Estratégias de gerenciamento do dia a dia

Também existem diversas táticas específicas de gerenciamento diárias que podem ser usadas em conjunto com um plano de gerenciamento do psicopata.

Além de reuniões planejadas, visite o psicopata no escritório/local de trabalho dele sem avisar. Isso cria o sentimento de que ele está sendo monitorado e faz com que se sinta menos inclinado a desconsiderar as regras flagrantemente.

Se o psicopata corporativo insistir em se encontrar com você repetidamente só para incomodá-lo, agende esses encontros para pouco antes de o psicopata ir para casa. Se isso parecer não afetar o psicopata, certifique-se de que as reuniões durem até bem depois do horário de saída do psicopata corporativo.

Planeje sessões de gerenciamento muito cuidadosamente. Entenda os objetivos da sessão também cuidadosamente e se certifique de que esses objetivos sejam abordados específica e sucintamente. Faça com que o psicopata corporativo se comprometa com os objetivos do programa de gerenciamento por escrito para que não seja capaz de alegar ignorância mais tarde. Pense a respeito de possíveis respostas do psicopata do trabalho para pontos no plano de gerenciamento e tenha argumentos prontos para refutá-las.

Se o psicopata corporativo parecer se tornar "emocional" durante uma reunião, espere que ele se acalme. Se isso não acontecer, remarque a reunião. Se ele usar a tática "emocional" de novo, aborde os critérios de gerenciamento por escrito, verificando que ele recebeu o documento e exigindo uma resposta dentro de um prazo específico. Enfatize que, se ele não responder, obviamente não leva a companhia a sério e pode ser apropriado para ele buscar emprego em outro lugar.

Não permita que o psicopata corporativo desvie o tema da discussão de gerenciamento. Tenha uma lista escrita dos pontos a serem discutidos e não saia desses pontos por nenhuma razão. É quase certo que o psicopata vai tentar desviar a discussão para impedir de ser restringido pelos critérios de gerenciamento.

Se o psicopata corporativo chegar atrasado ao trabalho ou tirar dias de folga após a reunião de gerenciamento, certifique-se de que, a cada vez, ele seja instruído por escrito para lhe telefonar e explicar por que se ausentou. Anote essas respostas e compare-as dia a dia para verificar a consistência. Também procure padrões nessas ausências (por exemplo, segundas e sextas-feiras).

Se você escutar rumores e souber que não são verdadeiros, corrija-os imediatamente com a verdade. É importante agir prontamente, já que isso vai minimizar os danos causados pelos rumores do psicopata corporativo.

Documente tudo por escrito. Isso vai garantir que o psicopata não possa escapar da responsabilidade por seu comportamento.

Se você for acusado deliberadamente pelo psicopata de não realizar um trabalho, em particular depois de implementar ou discutir a estratégia de gerenciamento, existem diversas opções disponíveis. Sempre documente a acusação e peça a ele que faça a reclamação por escrito.

Se você for líder da equipe, certifique-se de que tem o apoio dela. Se não tiver, é possível que o psicopata vire sua equipe contra você e mine a estratégia de gerenciamento que você está tentando implementar.

Quando a estratégia de gerenciamento for implementada, você deve esperar que o psicopata corporativo comece a fazer política no escritório de forma mais agressiva do que nunca para tentar evitar as condições impostas pela estratégia de gerenciamento. Existem diversas coisas que você pode fazer para minimizar o impacto desses jogos políticos. Se você é supervisor ou gerente, desencoraje trabalhadores que tentam ganhar seu favor em detrimento de outros, já que isso gera ressentimento. Ao mesmo tempo, é importante não alienar seus funcionários. Evite parecer ter amizades pessoais com subordinados. Certifique-se de que as pessoas que fazem política de escritório recebem trabalho suficiente para fazer e monitore o desempenho delas para impedir que tenham tempo de fazer atividades relacionadas com "não trabalho".

Saiba onde está o poder em sua empresa, para que você possa consultar essas pessoas em casos em que a política saia de controle. Seja sempre cortês e amigável com todos e nunca negligencie sua estratégia de autodefesa contra a política do escritório.

Conheça a si mesmo

Não importa se você é gerente, colega ou funcionário de um psicopata, você também pode minimizar o risco de ser vítima ao desenvolver maior consciência das características e vulnerabilidades psicológicas que possui. E se você reconhecer o que está fazendo, poderá evitar as estratégias manipulativas desde o início.

8
Vacinando Funcionários

Proteger funcionários do psicopata do trabalho pode ser feito em grupo ou individualmente. Proteção em grupo envolve educar os funcionários sobre as características do psicopata do trabalho para minimizar as chances de eles serem vitimados. Exercícios de construção de equipe são úteis para eliminar a habilidade do psicopata de isolar um membro da equipe. Em âmbito individual, ao abordar assuntos de autoconfiança e autoestima por meio de programas de coaching pessoal e técnicas de gerenciamento de estresse, diminui-se a vulnerabilidade de cada empregado aos ataques do psicopata. Tanto as estratégias de proteção grupais quanto as individuais precisam ser adequadas exatamente à natureza do psicopata do trabalho.

Educação dos funcionários

A melhor forma de começar a lidar com esse problema é falar com os empregados em termos gerais sobre bullying no ambiente de trabalho. As características do psicopata do trabalho então podem ser trabalhadas em um contexto de se abordar o bullying. Discrição é essencial quando se trata de educar os funcionários sobre as ameaças potenciais dentro do ambiente de trabalho deles.

Não é necessário usar a palavra "psicopata" de forma alguma nesses tipos de estratégias educacionais, já que a palavra "psicopata" conjura imagens de assassinos em série e outros criminosos, o que encobre a realidade da situação no ambiente de trabalho. É particularmente importante que os funcionários reconheçam que o comportamento de uma pessoa é impróprio, e não se eles podem classificar alguém como "psicopata" ou não. O caso de estudo abaixo fornece um exemplo de uma abordagem dessas estratégias de educação e de formação de equipe.

> Um call center me pediu para descobrir por que um número significativo de funcionários de uma determinada equipe estava pedindo demissão. Tradicionalmente, a indústria de call center tem uma alta taxa de demissões da forma como é, mas nessa seção em particular 70% da equipe pediu demissão em um período de dois meses. Mais importante: a alta taxa de demissão da equipe coincidia com a indicação de Jenny, uma nova líder de equipe.
>
> Depois de completar uma avaliação detalhada e um perfil psicológico, eu determinei que Jenny apresentava diversos comportamentos e traços que são característicos do psicopata corporativo.
>
> Eu aconselhei a companhia que a melhor abordagem seria iniciar uma campanha de educação e exercícios de construção de equipe para combater as técnicas usadas por essa psicopata corporativa em especial. A campanha de educação foi implementada em conjunto com uma estratégia que usava princípios de aprendizagem para gerenciar o comportamento de Jenny.
>
> Todos os membros da equipe e os líderes de equipe no call center (incluindo Jenny) tiveram um dia no qual foram educados sobre os vários tipos de comportamento de bullying e seus efeitos nos funcionários. As características de personalidade e de comportamento do psicopata corporativo também foram destacadas no contexto que explicava por que certos tipos de comportamento de bullying ocorrem. Mais ainda: as táticas e estratégias usadas pelo psicopata corporativo foram discutidas. Isso garantiu que as pessoas percebessem o que estava ocorrendo quando Jenny manipulava situações, permitindo a elas reconhecer e lidar com o comportamento dela.

Um dia separado de construção de equipe ocorreu especificamente para a equipe de Jenny. Esse treinamento não incluiu Jenny. Disseram para ela que os membros de sua equipe precisavam trabalhar juntos e que algumas vezes a presença do líder da equipe tem um efeito negativo nesse processo de desenvolvimento. Depois dos exercícios de construção de equipe, cada membro relatou se sentir melhor a respeito de seu trabalho e de sua situação. Eles também relataram que se sentiam mais confortáveis a respeito de trabalhar com Jenny, já que tinham uma rede de colegas com os quais podiam falar livremente sobre qualquer problema que tivessem.

Em nível individual, membros da equipe foram educados sobre a fisiologia e psicologia do estresse, da depressão e da raiva. Eles também aprenderam como reduzir o estresse em suas vidas por meio de algumas técnicas simples de gerenciamento de estresse. A indústria de call center é estressante por natureza, por isso os exercícios que eles aprenderam foram considerados extremamente úteis não apenas para lidar com Jenny, mas também para quando estivessem se sentindo "esgotados" em relação a outros aspectos de seu ambiente de trabalho.

Finalmente, um programa individual de coaching pessoal foi desenvolvido com cada membro da equipe. O programa de coaching procurava desafiar padrões de pensamento negativos e limitativos, definindo padrões realistas e alcançáveis e reconhecendo vulnerabilidades psicológicas que podem ser utilizadas pelo psicopata corporativo.

Quando o programa de intervenção inteiro foi avaliado depois de três meses, nenhum membro da equipe tinha pedido demissão e cada um relatava se sentir mais feliz e com mais controle de si mesmo e do ambiente de trabalho. Nenhum dos membros da equipe gostava de trabalhar com Jenny, mas todos

> sentiam que podiam lidar com os comportamentos dela e impedir que ela os manipulasse ou os outros membros da equipe. A produtividade deles aumentou e, mais importante de tudo, eles se sentiam valorizados pela empresa na qual trabalhavam, porque a direção percebeu a insatisfação na seção deles e tomou uma atitude a respeito.

Educação do pessoal é importante porque aborda e elimina as reações de sofrimento que as vítimas enfrentam quando lidam com o psicopata do trabalho. Para fortalecer a forma que a equipe e os indivíduos lidam com o psicopata é crucial livrar-se do fator "culpa", pelo qual as pessoas se consideram culpadas pelo comportamento destrutivo que acontece.

Educação cria uma consciência da existência e realidade do psicopata do trabalho. Isso significa que o problema é externo à vítima e não é visto por ela como sendo culpa dela.

Construção de equipe

O psicopata corporativo geralmente explora conflitos existentes entre empregados ou cria novos conflitos. Ele joga com o fato de que empregados tendem a trabalhar independentemente, geralmente são focados em si mesmos e têm motivações ocultas acerca de seus trabalhos, podem desconfiar de outros membros da equipe, têm desentendimentos que não são construtivos e normalmente não têm canais claros de comunicação. Esses fatores podem criar conflito e pressão dos pares para se conformar com a maioria do grupo.

Uma boa estratégia de construção de equipe pode encorajar a interdependência dos membros da equipe, bem como confiança e abertura. Desentendimentos são vistos como partes construtivas e positivas do processo de mudança, em vez de competições por poder entre os membros. Comunicações honestas e transparentes devem ser encorajadas, o que permite a livre expressão, em vez de submissão às expectativas do grupo. Mais importante: procedimentos de resoluções de conflito precisam ser estabelecidos para que os membros da equipe se tornem um grupo unido em vez de pessoas independentes. É essa unidade que protege os empregados do psicopata corporativo.

Se um consultor é chamado, é importante que eles estejam familiarizados com a razão do exercício de construção de equipe. Também é preferível que eles tenham algum conhecimento de como o psicopata do trabalho pode afetar os outros empregados.

O consultor precisa se reunir com a seção de recursos humanos e com a diretoria da empresa. A relevância e a utilidade da construção de equipe são avaliadas e os objetivos empresariais são definidos. Esses objetivos podem incluir aumento de produtividade, redução de licenças de saúde e proteção contra o psicopata corporativo. Funcionários também devem ser designados para funções específicas nesse estágio do processo de construção de equipe. Critérios de avaliação e administrativos devem ser estabelecidos para garantir que não haja confusão mais tarde. Por exemplo, a frequência e o local das reuniões da equipe, indicadores de performance, procedimentos de respostas e daí por diante, tudo deve ser discutido.

O consultor se reúne com cada membro do time e estabelece uma harmonia com cada um. O consultor deve tomar ciência das preocupações dos membros da equipe, das incertezas sobre o processo e encorajá-los a expressar suas ideias abertamente. Também se esclarecem as expectativas com relação a cada um dos membros da equipe para que cada um saiba o que se espera dele.

Os membros da equipe se reúnem como uma "equipe" pela primeira vez. Eles discutem suas necessidades e vontades, o consultor aborda as necessidades da empresa. Questões como por que a equipe foi formada, quais são os objetivos da equipe e qual é a importância de uma abordagem unificada são temas discutidos em uma conversa aberta.

Se os membros da equipe não trabalhavam juntos antes, um exercício de construção de equipe é útil. Esse "exercício" pode ir desde resolver problemas hipotéticos até um retiro de uma semana no campo ou mesmo aprenderem a mergulhar juntos. É importante que os membros da equipe desenvolvam confiança entre si e saibam que podem contar uns com os outros em situações difíceis.

Uma segunda reunião da equipe é organizada depois do "exercício de união". Objetivos do grupo são solidificados, perguntas dos membros são esclarecidas e qualquer resistência de algum membro individual ao objetivo geral é explorada.

Reuniões regulares com a equipe acontecem para se discutir o progresso. Também se lida com a reação do psicopata ao time unido. Os membros da equipe recebem retorno e o departamento de recursos humanos e a diretoria também têm retorno sobre o desempenho da equipe em relação às estratégias manipulativas do psicopata do trabalho.

Coaching pessoal dos funcionários e manutenção de autoestima

Coaching pessoal e um programa de manutenção de autoestima são ferramentas valiosas que podem ser usadas para proteger funcionários da influência destrutiva do psicopata. As duas estratégias servem para contra-atacar os efeitos das tentativas do psicopata de isolar e degradar sua vítima, já que elas servem para encorajar a vítima a assumir controle ativo de sua vida e ver a si mesma como um membro valioso.

Programas de coaching pessoal fazem os empregados analisarem seus valores, adquirirem percepções de si mesmos e estabelecerem objetivos para enriquecer suas vidas. Coaching pessoal encoraja o indivíduo a focar na definição de objetivos pessoais e trabalhar para atingi-los. Isso faz com que a pessoa deixe de se focar no negativo (como o psicopata do trabalho) enquanto restaura uma crença em si mesma e em assumir de volta o controle de sua vida.

Coaching pessoal também focaliza obstáculos que impedem um indivíduo de atingir seus objetivos. Esses obstáculos podem incluir medo do desconhecido, medo de desaprovação e medo de tomar a decisão errada. Outros obstáculos a mudanças significativas e duradouras em resposta a um psicopata do trabalho são limitações financeiras, baixa autoestima, falta de decisão, hábito, falta de habilidades necessárias para realizar uma mudança, falta de energia e as necessidades de outras pessoas na vida da vítima em conflito com suas próprias necessidades. Um especialista em coaching pessoal pode ajudar a vítima a superar esses obstáculos mostrando à pessoa como implementar uma série de objetivos menores e mais fáceis de lidar que levam gradualmente a uma mudança mais positiva. No entanto, coaching pessoal só é uma estratégia eficaz quando o psicopata corporativo é controlado pela empresa. Coaching pessoal não é "a" solução, é parte de uma estratégia maior para se lidar com psicopatas do trabalho.

Ensinar os funcionários sobre manutenção de autoestima também é uma estratégia útil porque reduz a vulnerabilidade da vítima às táticas do psicopata do trabalho. Autoestima saudável vem de aceitar a si mesmo, em lugar de depender do que as outras pessoas pensam de você. Isso significa aceitar falhas e perceber imperfeições, sem acreditar que essas imperfeições o tornam sem valor. Mais ainda: quando lidamos com o psicopata do trabalho, é importante aceitar que nem todos vão nos aprovar ou gostar de nós. Também é importante que a vítima desafie declarações negativas, baseada no que sabe sobre si mesma.

Uma abordagem útil para desafiar psicologicamente as alegações do psicopata do trabalho é a terapia de comportamento cognitivo, que encoraja as pessoas a analisar os sentimentos causados por uma situação em especial. Esses sentimentos são analisados de perto para identificar e reconhecer os pensamentos e as crenças que criam tais sentimentos. Quaisquer crenças ou pensamentos que não contribuam para um sentimento positivo são questionados. Depois de excluir essas crenças que não ajudam, toma-se uma ação positiva para que essas crenças negativas não afetem a qualidade da vida de alguém. Por exemplo:

• *Situação* – Jane ouviu de seu chefe (que é um psicopata corporativo) que ela é uma funcionária inútil e que não sabe como ela conseguiu aquele emprego.
• *Sentimentos* – Jane se sente sem valor, ela não consegue fazer nada direito no trabalho.
• *Pensamentos* – Meu chefe acha que eu sou inútil; ele me odeia; ele queria não ter que me ver todo dia.
• *Crenças* – Como eu não consigo agradar a meu chefe, eu não valho nada, sou inútil. Meu chefe devia gostar de mim. Meu chefe devia estar feliz com meu trabalho.
• *Disputa* – Eu sou altamente qualificada e tenho experiência em meu trabalho. Eu nunca tive problemas antes. Eu ganhei prêmios por meu excelente desempenho antes. Só porque esse chefe me diz que eu não consigo fazer meu trabalho, não significa que sou inútil ou que não tenho valor. Algumas pessoas gostam de meu trabalho e outras não. Pessoas são diferentes. Meu chefe e eu temos diferentes expectativas sobre o que é "bom trabalho", e isso é normal.
• *Ação positiva* – Vou parar de focar no que meu chefe acha de mim e do meu trabalho. Vou relaxar e focar em realizar o trabalho de uma forma que eu saiba que está bom.

Gerenciamento de estresse

Funcionários são invariavelmente colocados sob uma grande quantidade de estresse quando dividem o ambiente de trabalho com um psicopata. Técnicas de gerenciamento de estresse podem ser ensinadas para reduzir os níveis de estresse e lidar com eles. Da mesma forma que o coaching pessoal, essas técnicas não são uma "solução" completa para o psicopata do trabalho.

Existem diversas coisas que podem ser feitas para ajudar a reduzir os níveis de estresse e criar uma "resistência ao estresse". Isso inclui moderar suas reações físicas ao estresse por meio de técnicas de relaxamento, respirar fundo, meditação; aumentar suas reservas físicas por meio de exercícios físicos regulares, uma dieta saudável e bastante sono; manter suas reservas emocionais, assim como gerenciar seu tempo, desenvolver uma rede de apoio forte de amigos e de família. Existem muitas e variadas técnicas de gerenciamento de estresse. Consulte um psiquiatra, um psicólogo ou um conselheiro para descobrir quais são adequadas para a situação.

Devo ficar ou pedir demissão?

É importante notar que uma vez que a pessoa percebe que não é fácil se controlar ou lidar com um psicopata do trabalho sem o apoio da empresa, a melhor estratégia para ela normalmente é deixar o trabalho e encontrar um novo emprego. A psicologia reconhece, há algum tempo, que um fator de estresse (como o psicopata do trabalho) que é externo à pessoa e não pode ser controlado, ou é imprevisível, oferece um grande perigo psicológico para um indivíduo. Eu já vi diversas vítimas que decidiram ficar em seus empregos por uma questão de princípios, por questões financeiras, porque elas investiram um determinado número de anos na companhia, porque elas sentem como se não fossem capazes de conseguir outro emprego, etc. Essas vítimas geralmente ficam traumatizadas psicologicamente de forma grave.

Isso não quer dizer que todo mundo que encontrar um psicopata do trabalho e tiver sua reclamação ignorada pela empresa deve deixar seu cargo. A pergunta mais importante a ser feita é: "Em que ponto a saúde psicológica e física de uma pessoa se torna mais importante que seu emprego?"

Pode não ser justo que uma pessoa tenha que deixar seu emprego porque um psicopata de trabalho está tornando sua vida insuportável. Infelizmente, a expectativa de que a vida deva ser justa não tem relação com o que acontece na vida real. Por exemplo, é justo que pessoas nascidas em famílias pobres tenham maiores taxas de mortalidade e menos oportunidades do que crianças nascidas em famílias ricas? É justo que em muitos ambientes de trabalho você encontre funcionários talentosos sendo mal remunerados por trabalhar duro enquanto outros em posições mais elevadas podem não ter competência, mas que recebem muito mais? Mesmo que as pessoas desejem que o mundo seja sempre justo, ele não é. É possível gastar muita energia e muito tempo remoendo quão injusta é a situação, em vez de se dizer que a vida pode ser injusta e que é necessário seguir em frente e encontrar um lugar diferente para trabalhar.

A ética de rotular

O psicopata do trabalho geralmente reluta em ser parte do processo de consultoria. No entanto, é comum que um consultor seja utilizado pela empresa, porque ela tem a responsabilidade com seus funcionários e clientes de minimizar os danos assim que um funcionário-problema seja identificado. Dessa forma, a principal responsabilidade do consultor é com a empresa, e não com um empregado específico. Isso não quer dizer que o psicopata e os colegas do psicopata não tenham direitos, apenas que eles devem ser cuidadosamente balanceados com o desejo da empresa de eliminar o dano causado pelo psicopata. Isso é semelhante a um psicólogo empresarial que se especializa em testes de recrutamento e tem uma responsabilidade primária com a empresa que o emprega, mas uma responsabilidade secundária, adicional, com as pessoas que estão sendo testadas em nome da organização.

Na maioria das ocasiões, a empresa não está em posição de determinar se um "funcionário-problema" é de fato um psicopata. Dessa forma, é imperativo contratar um consultor qualificado que possa identificar a causa do problema, em vez de simplesmente desenvolver uma solução baseada em um diagnóstico errado de "psicopatia" feito por uma pessoa dentro da empresa que não seja qualificada ou não tenha experiência suficiente para fazer tal diagnóstico. Assim, a primeira responsabilidade ética para qualquer consultor quando lida com um psicopata corporativo é estabelecer um diagnóstico válido do problema.

Assim que o diagnóstico for feito, o consultor deve então aconselhar a empresa a respeito da seguinte questão: se o melhor curso de ação é despedir o psicopata de seu cargo ou implementar uma estratégia de gerenciamento para manter o comportamento do psicopata sob controle. Não existe uma regra simples para ser usada e fazer essa determinação, isso só pode ser decidido em cada caso, em particular. No entanto, um equilíbrio cuidadoso precisa ser alcançado entre as necessidades da empresa, o psicopata do trabalho e todos os empregados.

Existem diversas estratégias que podem ser usadas para limitar o efeito danoso que um psicopata do trabalho pode ter sobre os indivíduos e as empresas. Essas estratégias, no entanto, não funcionam sozinhas e precisam ser integradas com diferentes técnicas de recuperação e de prevenção para que sejam eficazes.

Tratamento pode piorá-los

Não existe nenhum tratamento eficaz para a psicopatia porque é um transtorno de personalidade difuso que leva muitos anos para se formar. Uma suposição fundamental de qualquer programa de terapia é que a pessoa buscando tratamento queira ajuda e esteja disposta a mudar seu comportamento. O psicopata não procura ajuda porque vê que seu comportamento de autogratificação está satisfazendo as suas necessidades. Em *Without Conscience* (Sem Consciência), o dr. Hare declara que "psicopatas não acham que têm problemas psicológicos ou emocionais e não veem razão para mudar seu comportamento, para se conformar com os padrões da sociedade com os quais não concordam... eles veem a si mesmos como seres superiores em um mundo hostil, no qual o mais forte sobrevive e os outros são competidores por poder e recursos" (p. 195).

9
Bom para os Negócios?

Pode o psicopata do trabalho beneficiar a companhia para a qual trabalha? É possível para uma pessoa sem consciência ou remorso usar suas características de personalidade para gerar mais dinheiro para si mesma e/ou seu empregador? A que custo humano esse lucro vem?

As respostas para essas perguntas são complexas. Cada resposta depende de diversos fatores, incluindo qual o ramo de atividade no qual o psicopata está trabalhando e quem está avaliando o valor do psicopata. Um acionista vai dar uma resposta diferente do CEO, que, de novo, vai fornecer uma resposta diferente de um cliente ou das pessoas que têm que trabalhar com o psicopata do trabalho.

A resposta simples para a questão de se um psicopata pode ser útil para uma companhia é não. Em curto prazo, ele pode gerar vendas com suas habilidades verbais ou persuadir pessoas na companhia a tomar novas direções, mas no longo prazo a companhia geralmente vai sofrer. Isso ocorre porque o psicopata, independentemente de profissão, está preocupado apenas com uma coisa – autogratificação. Essa autogratificação é obtida sem consideração pelas pessoas a seu redor ou pela companhia para a qual trabalha. A menos que o interesse próprio do psicopata seja o mesmo que o da companhia, esta irá, no final, perder. Mais ainda: mesmo que o psicopata e a companhia tenham objetivos similares, o psicopata geralmente aliena e explora seus colegas de trabalho para atingir esse objetivo. Isso pode resultar na perda de pessoal valioso e altamente treinado que, no final, sai da companhia.

Esse custo financeiro nem se aproxima dos danos psicológicos causados nos outros funcionários.

O que é "bom para os negócios"?

Empresas geralmente medem seu sucesso em termos de quanto dinheiro ganham, enquanto agências governamentais avaliam o quão eficientes são em realizar suas responsabilidades legais. Empregados são vistos como um meio para atingir um fim, recursos usados para gerar dinheiro ou aplicar a legislação.

Dessa forma, "bom para os negócios" seria definido pelos tomadores de decisão nos grandes negócios e no governo como a quantidade de lucro obtida a cada ano ou o número de vezes e a efetividade com que cada lei é aplicada. Considerações secundárias incluem o bem-estar dos funcionários, taxas de retenção de pessoal, licenças médicas tiradas pelos funcionários, custos de treinamento e custos de recursos humanos e de recrutamento de pessoal. Todas essas considerações secundárias são enfatizadas porque cada uma delas pode afetar a produtividade do pessoal e, consequentemente, a quantidade de lucro obtida ou a qualidade dos serviços prestados.

Em anos recentes, corporações começaram a perceber que, quanto melhor tratarem seus empregados, mais produtividade obterão de cada funcionário. Essa filosofia ainda é refletida no desenvolvimento de numerosos programas de ambiente de trabalho projetados para fazer o funcionário se sentir uma parte da "cultura corporativa", para reduzir estresse no ambiente de trabalho, para enfatizar que eles são funcionários valorizados, etc. É importante notar que o sucesso desses programas é medido em termos de aumento de produtividade ou diminuição nos custos com licenças médicas e pedidos de demissão de empregados.

A visão da sociedade do que é "bom para os negócios" não leva em conta necessariamente o bem-estar de funcionários a menos que essa questão esteja afetando os lucros. Essa abordagem não é motivada por forças sinistras que controlam e exploram trabalhadores para a vantagem de algumas pessoas ricas na sociedade. É simplesmente o resultado de se viver em uma economia capitalista na qual a sociedade gira em torno da troca de bens e serviços por dinheiro. A vasta maioria dos negócios é iniciada com o objetivo de fazer dinheiro. Grandes negócios geralmente devem satisfações a acionistas, que estão apenas preocupados em saber quanto lucro a companhia dá a cada ano, já que isso afeta não só quanto dinheiro eles receberão como dividendos, mas também o valor de suas ações. Os diretores da companhia são contratados com a suposição de que vão conseguir obter o maior lucro possível a cada ano para a companhia. Dessa forma, empregados são vistos como um recurso necessário para fornecer bens e serviços que podem ser trocados por dinheiro. Se os empregados trabalham bem juntos, a companhia faz mais dinheiro. Partindo dessa perspectiva, o psicopata do trabalho é avaliado em termos de quanta renda adicional ele pode trazer para a companhia.

Da perspectiva de um departamento governamental, o psicopata é avaliado em termos de quão bem ele atinge os objetivos do departamento, quaisquer que sejam. Departamentos governamentais geralmente se focam em produtividade, o bem-estar dos funcionários fica restrito aos termos da lei, mas não é necessariamente uma prioridade fornecer condições de trabalho que excedam aquelas definidas na legislação.

Eu gostaria de dizer que, como sociedade, também é importante medir sucesso tanto nos negócios quanto nos departamentos governamentais em termos de se equilibrar o custo humano com a lucratividade e o fornecimento de serviços. Infelizmente, o que acontece, de modo geral, é que fornecer melhores condições de trabalho para os empregados tem um impacto na lucratividade e no fornecimento de serviços e, dessa forma, o custo humano se torna uma questão secundária.

Gerador de lucro ou de risco?

À primeira vista, pode parecer que o psicopata corporativo faz contribuições significativas para a companhia. Ele possui boas habilidades verbais, tem experiência em manipular pessoas, é preparado para fazer o que for preciso para alcançar seus objetivos e pode ser criativo como resultado de sua tendência a se entediar, o que leva ao desenvolvimento de novas ideias. No curto prazo, esses atributos podem levar ao aumento de renda. No entanto, essa contribuição positiva pode ser enganosa.

No curto prazo, o psicopata corporativo pode gerar vendas ou embarcar em projetos ambiciosos que prometem trazer grandes somas em dinheiro para a empresa. O consumidor fica feliz porque lhe foram prometidas grandes coisas, a companhia fica feliz porque espera ansiosa o aumento de renda. No entanto, como já vimos, o psicopata corporativo não vai hesitar em mentir sobre o que pode entregar. Além disso, ele não está preparado para fazer realmente o trabalho necessário, inventando desculpas para justificar por que não está terminado e culpando qualquer um que não seja ele. Isso faz com que o consumidor se torne muito insatisfeito no longo prazo e cancele o contrato. De uma perspectiva de Gerenciamento de Relacionamento com o Consumidor, o consumidor não vai voltar para fazer negócios com a companhia. Pior, ele conta para outras companhias a experiência ruim com o psicopata e com a companhia para a qual ele trabalha, criando negatividade e incerteza sobre a companhia que não entregou o que fora prometido. Essa companhia então tem que anunciar não apenas seu produto, mas também convencer as pessoas de que é capaz de entregar bens ou serviços como prometido. O valor desse dano causado pelo psicopata não pode ser calculado. Qual é o custo, para uma companhia, de perder sua reputação? Em alguns casos, pode ser a falência.

Então, no curto prazo, o psicopata corporativo pode gerar lucros adicionais, mas no longo prazo a companhia perde, já que sua reputação é danificada, algumas vezes além de qualquer possibilidade de conserto. Da perspectiva do lucro, o psicopata corporativo não é desejável.

O custo humano de se empregar um psicopata corporativo em uma companhia pode ser astronômico, tanto financeiramente para a companhia quanto psicologicamente para as vítimas. O custo financeiro para a companhia geralmente excede o lucro que o psicopata gera nos estágios iniciais de sua carreira. Pedidos de demissão de funcionários, custos de recrutamento, custos de treinamento para pessoal novo e ações legais contra a companhia, tudo isso se torna uma quantia substancial de dinheiro. As autoras Helene Richards e Sheila Freeman, em *Bullying in the Workplace: An Occupational Hazard* (Bullying no trabalho: um risco ocupacional), estimam que na Austrália se percam $ 36 bilhões em razão de pagamentos de danos para antigos empregados e haja perda de produtividade como resultado de bullying. Talvez ainda mais importante seja o fato de que psicopatas corporativos consomem tempo que a companhia poderia estar usando para gerar negócios adicionais ou expandindo relacionamentos com clientes atuais.

Psicologicamente, para outros funcionários, vidas são geralmente devastadas. Colegas de trabalho se sentem como se suas carreiras tivessem sido tiradas deles e que ninguém na companhia se importa com isso. Eles geralmente sofrem de ansiedade, depressão e têm uma sensação de traição, problemas para lidar com a raiva, já que se tornam cada vez mais frustrados, relacionamentos rompidos que não resistem às pressões do trabalho, baixa autoestima e daí por diante. Que preço pode ser atribuído ao fato de seres humanos experimentarem tais coisas? Vale a pena empregar um psicopata corporativo, mesmo que ele consiga obter lucro financeiro no longo prazo para a companhia, quando até mesmo um colega de trabalho vai experimentar esses problemas como resultado do comportamento do psicopata? Essa é uma questão ética que é deixada para o leitor decidir, baseado em seu sistema de valores. Acionistas e diretores podem responder a essa pergunta de forma diferente daqueles que teriam que trabalhar com o psicopata.

Do ponto de vista das leis, cada companhia tem o dever de cuidar de seus funcionários para garantir que nenhum dano pessoal seja causado a eles como resultado de seu trabalho. Em teoria, isso impede que um psicopata corporativo seja empregado, em muitos casos. Na prática, companhias não empregam deliberadamente o psicopata corporativo. Dessa forma, algumas perguntas precisam ser feitas: as companhias deveriam estar fazendo mais para detectar os psicopatas corporativos que entram em suas organizações e deveriam implementar políticas que aumentassem a probabilidade de tais psicopatas serem detectados e gerenciados, uma vez que já estejam trabalhando na empresa? Uma questão final, mas muito importante, diz respeito aos direitos dos próprios psicopatas corporativos. Como atingir um equilíbrio entre os direitos do psicopata corporativo com os direitos de suas vítimas de não serem vitimadas? É discriminação demitir alguém apenas por ele ter um transtorno de personalidade como a psicopatia? Todas essas perguntas devem ser respondidas antes que uma solução para o problema dos psicopatas no ambiente de trabalho possa ser encontrada.

10
Identidade Trocada?

Para cada mau gerente, colega de trabalho ou cliente que é um psicopata do trabalho existem muitos outros que não são. De fato, a maioria dos "empregados disfuncionais" não é psicopata. Existe uma variedade de explicações alternativas para comportamentos difíceis ou impossíveis no ambiente de trabalho. Razões podem incluir falta de gerenciamento ou de liderança, baixa autoestima, inabilidade de lidar com estresse, habilidade de comunicação inadequada, problemas de relacionamento e de família, doenças mentais, como transtornos de personalidade, esquizofrenia, e vício em drogas, álcool ou jogo.

Esses diagnósticos alternativos ainda produzem um gerente, um colega ou um cliente que torna a vida insuportável no trabalho. O fato de a pessoa não ser um psicopata dá pouco conforto para as pessoas que vivenciam os ferimentos psicológicos e, algumas vezes, físicos. Felizmente, muitos desses diagnósticos alternativos para comportamento disfuncional no trabalho podem ser reconhecidos e gerenciados de modo mais fácil do que com o psicopata.

Pobres habilidades interpessoais – o chefe supercontrolador

Uma das explicações mais comuns para um gerente ou um chefe ser rotulado erroneamente de psicopata são habilidades interpessoais pobres. Muitos gerentes que têm pobres habilidades interpessoais frequentemente "supercontrolam" seus funcionários em uma tentativa de gerenciar a situação sobre a qual eles sentem que não têm controle. Esse supercontrole ou essa "supervisão intrusiva" aliena os empregados e cria ressentimento, o que faz com que o gerente se torne mais e mais frustrado em relação a sua falta de controle sobre sua equipe. Um círculo vicioso se estabelece quando o gerente tenta reforçar seu domínio apenas para enfrentar a equipe infeliz. No final, ou o gerente cai, ou os funcionários são transferidos ou pedem demissão depois de aguentar uma grande quantidade de estresse físico e psicológico.

> David trabalhou para o governo por vinte e cinco anos e foi finalmente promovido para uma posição de direção na qual era responsável por 135 funcionários. Ele não recebeu treinamento em liderança ou em habilidades de comunicação, já que se pressumia que ele tinha adquirido essas habilidades durante os vinte e cinco anos de serviço.
>
> Em seu primeiro mês como diretor, ele conseguiu alienar a maioria de seus funcionários, já que ele tentava afirmar sua autoridade sobre o departamento. Ele mudou os horários de trabalho deles sem consulta e disse aos funcionários que não estava interessado nas opiniões deles. Ele dizia que seu departamento não era uma democracia e que dava ordens para serem obedecidas, e não questionadas. Os funcionários reclamavam com os outros, o que fazia David parecer um gerente ruim que não era capaz de lidar com sua equipe. David reagia a isso sendo ainda mais rígido, enfatizando regras e regulamentos triviais que não eram seguidos havia muitos anos.
>
> Depois que o chefe de David revisou seu estilo de gerência, foi sugerido que David comparecesse a sessões de treinamento de executivos e de habilidade de comunicação. Nessas sessões, David revelou que estava ansioso sobre sua nova posição, nunca aprendera como trabalhar com pessoas porque sempre experimentou um sistema hierárquico no qual funcionários "cumpriam

Identidade Trocada?

> ordens". Uma vez que ele entendeu que funcionários supercontrolados não significavam trabalhadores produtivos, ele se dispôs a mudar sua abordagem. David agora entende que liderança não é igual a controle sobre as pessoas, que se trata de merecer o respeito das pessoas, em vez de exigi-lo.

Geralmente, os gerentes supercontroladores pensam em seus funcionários e seus empregos de uma forma relativamente previsível e limitada. Muitas vezes, eles têm uma grande carga de trabalho (ou na realidade, ou em suas mentes) e isso faz com que se sintam tensos, ansiosos e algumas vezes nervosos, já que não têm certeza de que podem lidar com isso. Outras vezes, eles se ressentem das pessoas que lhes deram o cargo. Esse ressentimento é geralmente descontado em seus subordinados.

É importante notar que muitos gerentes supercontroladores acreditam que todo o trabalho tem que ser realizado perfeitamente por seus funcionários, já que a qualidade do trabalho feito é um reflexo direto de suas habilidades como gerentes. Se o trabalho realizado por seus funcionários é bom, eles têm uma boa imagem como gerente e vão conseguir a próxima promoção. Dessa forma, eles racionalizam que têm que monitorar tudo o que seus funcionários fazem para garantir que o trabalho seja perfeito. Alguns dos pensamentos que gerentes supercontroladores têm sobre seus empregados incluem:

• Se eu não lutar para que as pessoas façam seus trabalhos, nada será feito.
• Não se pode confiar em que as pessoas farão o trabalho direito.
• Se não ficar bem em cima deles, será um desastre completo e absoluto.
• Se esse trabalho não for feito exatamente como eu quero, isso significa que não sou um bom gerente.

• Eu não tenho tempo para delegar trabalhos; é mais rápido dizer às pessoas como eu quero que seja feito. É isso o que um gerente faz, não é?

Claramente, esses pensamentos sobre funcionários e o ambiente de trabalho influenciam o comportamento do gerente supercontrolador. Esses pensamentos também influenciam a maneira como o gerente supercontrolador interpreta as coisas que acontecem no trabalho. Quando o gerente supercontrolador diz a um funcionário como fazer um trabalho, e o trabalho é executado corretamente, o gerente supercontrolador atribui esse sucesso a seu estilo de gerenciamento. Isso significa que no futuro ele vai continuar a ser supercontrolador, já que isso funcionou no passado. Qualquer ressentimento por parte de seus funcionários é interpretado como inabilidade da parte deles de lidar com o estresse e as pressões de seus trabalhos. O gerente supercontrolador não percebe que o estresse dos funcionários ou o comportamento de reação podem ser causados por seu estilo de gerência.

O gerente supercontrolador justifica seu comportamento pelas seguintes crenças sobre funcionários e comportamentos apropriados no ambiente de trabalho:

• Você precisa saber seu lugar na hierarquia; algum dia, você também será capaz de "gerenciar" outras pessoas.

• Você nunca deve desafiar decisões que eu tomo, já que isso é custoso e mostra falta de respeito.

• Você deve ser capaz de tomar decisões por si mesmo; não se pode confiar em funcionários para fazer isso até que eles tenham provado que podem; nesse momento, receberão uma posição mais elevada.

• Apesar de eu lhe delegar responsabilidade por certas coisas, tudo o que você fizer espelha minha habilidade como gerente; dessa forma, preciso aprovar pessoalmente tudo o que você fizer.

Essas crenças do gerente supercontrolador precisam ser desafiadas, assim como sua convicção de que é a única pessoa com a habilidade de completar uma tarefa em especial. Um dos aspectos mais importantes nesse relacionamento chefe/funcionário é a habilidade de se comunicar efetivamente. Habilidades de comunicação como a habilidade e a vontade de ouvir, ter empatia com os funcionários e trocar ideias claramente estabelecem um clima de confiança.

Muitos gerentes e funcionários se consideram bons ouvintes, quando a realidade é normalmente o oposto. Alguns psicólogos empresariais alegam que pobres habilidades de ouvir são a maior fonte de conflito entre gerentes e funcionários. Ouvir bem envolve pensar sobre o que a outra pessoa está dizendo, fazer perguntas relevantes e buscar conclusões. O propósito primário de se ouvir é entender o ponto de vista da outra pessoa. Se gerentes e funcionários realmente trabalhassem em direção a esse objetivo e "realmente" ouvissem uns aos outros, muitos conflitos poderiam ser evitados, em primeiro lugar. Um bom psicólogo deve ser capaz de treinar uma pessoa na arte de se comunicar efetivamente.

As famosas personalidades tipo A, B, C e D

Tipos diferentes de personalidade geralmente se chocam no ambiente de trabalho, levando a um conflito que nada tem a ver com psicopatia. Um grande fator que diferencia um choque de personalidades da psicopatia é a falta de remorso do psicopata, assim como o prazer experimentado por qualquer ferimento psicológico e/ou físico causado à vítima.

Existem diversas teorias de personalidade, variando da abordagem psicodinâmica de Freud até a teoria de Maslow da autorrealização e o behaviorismo de Skinner. Uma das teorias mais populares usadas no mundo dos negócios envolve quatro tipos de personalidade: A, B, C e D. Nem todos os tipos de personalidade se dão bem e existem formas específicas de lidar com cada tipo de personalidade para ajudar a minimizar conflitos no ambiente de trabalho.

O tipo de personalidade A é de uma pessoa espontânea, voltada a realizações, que é direta, persuasiva e que corre riscos. Esse tipo de personalidade é geralmente altamente competitivo e autoconfiante. Pessoas que trabalham com alguém desse tipo podem vê-lo como um indivíduo agressivo e muito competitivo, por ir atrás do que quer. Os outros traços desse tipo podem muitas vezes ser interpretados como dominadores, manipuladores, incisivos, impacientes, arrogantes e controladores. Essa personalidade tipo A não gosta de pessoas que não são rápidas e decisivas, particularmente aquelas pessoas que seguem as regras à risca. Se você está trabalhando com ou para alguém de personalidade tipo A, certifique-se de dar retornos positivos regularmente e seja direto e honesto sobre o que quer, seja sempre entusiasmado, reconheça a importância do trabalho dele e encoraje-o a usar suas habilidades criativas.

A personalidade tipo B é de uma pessoa orientada para tarefas e que sempre precisa ganhar. Esse tipo de personalidade é de quem assume o controle e se descreveria como uma pessoa prática, ambiciosa, metódica, eficiente, direta, orientada para resultados, determinada e convencional. A personalidade tipo B não gosta de pessoas que são ambíguas sobre o que querem, que se tornam emocionais sobre assuntos práticos, nem de pessoas que ela acredita que sejam preguiçosas. A personalidade tipo B pode ser vista por outras como frugal, que não se importa, distante, teimosa, desapegada, que não se compromete e é inflexível.

Se você está trabalhando com ou para alguém de personalidade tipo B, certifique-se de que ele tenha o máximo possível de controle sobre o trabalho dele, que tenha permissão de usar suas habilidades empresariais, que tenha um trabalho desafiador e que a maneira eficiente e prática dele de fazer as coisas seja adotada pelos colegas de trabalho. Se ele é seu gerente ou seu chefe, é útil ser claro e direto, respeitar a autoridade dele, focar nos resultados (esse tipo quer resultados, em vez de uma longa explicação de por que você não conseguiu terminar alguma coisa), seguir as regras e os regulamentos dele e explicar logicamente formas alternativas de fazer as coisas.

Identidade Trocada?

A personalidade tipo C é de quem tem um grande desejo de ajudar outras pessoas. Esse tipo de personalidade mantém o estresse acumulado e geralmente é vítima do psicopata do trabalho mais do que um funcionário difícil de se trabalhar. Eles geralmente confiam nas pessoas, são entusiasmados, sensíveis, fáceis de se abordar, bons ouvintes, calorosos e extrovertidos, geralmente querem proteger as pessoas que são vítimas e querem que as pessoas gostem deles.

A personalidade tipo D é a de uma pessoa orientada aos detalhes, em vez de ter boas habilidades interpessoais. Eles gostam de trabalhar sozinhos e podem geralmente ser encontrados em profissões de contabilidade, engenharia, técnicas e similares. Eles podem ser descritos como rígidos, meticulosos, precisos, seguem as regras estritamente e evitam riscos. A abordagem deles pode ser caracterizada, por pessoas em conflito com eles, como sendo tediosa, não inspiradora, monótona, avessa à mudança, antissocial e perfeccionista. Se você está trabalhando com ou para alguém de personalidade tipo D, tenha em mente que essa pessoa responde a dados e fatos concretos, tem consistência, apresenta documentação detalhada de ideias e realiza um trabalho completo. Eles trabalham dentro dos prazos e esperam que os funcionários façam o mesmo. Eles também são o tipo de pessoa que vai exigir respeito simplesmente porque é o gerente de uma seção em especial.

> Ninguém podia entender como Ian tinha uma boa posição de gerência no serviço público. Ele parecia não ter personalidade e era rígido e difícil de se relacionar. Ele desconsiderava as preocupações de seus funcionários sem ouvi-las. Aplicava as regras e os regulamentos e não tolerava que suas decisões fossem contestadas. Ian raramente se comunicava verbalmente, ele preferia mandar suas respostas em forma de carta oficial. Essa prática alienava ainda mais os empregados que "respondiam a ele".

> Ian tinha claramente apenas inteligência mediana e tinha alcançado sua posição atual por causa de anos de serviço, e não por habilidade. Ele pensava que seus funcionários o viam como um membro eficiente e valioso do serviço público. Ele não tinha consciência de que sua falta de habilidades sociais alienava a vasta maioria dos funcionários. Ele era simplesmente uma personalidade tipo D que era tão focada em realizar o trabalho dentro do confinamento de um conjunto detalhado de regras que não percebia como suas habilidades sociais afetavam as pessoas a seu redor.

Personalidade passivo-agressiva

Pessoas passivo-agressivas mostram um padrão de atitudes negativas e resistência passiva a demandas por performances adequadas em situações sociais e ocupacionais. Resistência passiva a trabalhar efetivamente pode incluir comportamentos como esquecimento, teimosia, procrastinação e ineficiência intencional ou trabalhar deliberadamente devagar. Esses indivíduos canalizam sua agressão em formas passivas de resistência ao desacelerar os esforços dos outros, o que é frustrante de várias formas. A personalidade passivo-agressiva pode ser muito difícil de detectar e muitas pessoas não percebem por que se sentem frustradas quando lidam com esses tipos, pois eles não fazem nada de mais para causar essa frustração. O funcionário passivo-agressivo pode ser resumido como uma pessoa que obstrui os esforços dos outros por deliberadamente não fazer sua parcela do trabalho.

Por exemplo, um funcionário passivo-agressivo pode receber a incumbência de preparar uma apresentação para seu chefe, com um prazo. O indivíduo não vai preparar a apresentação, mas vai dizer ao chefe que está pronta até o dia marcado. Nesse ponto, o chefe será incapaz de fazer a apresentação e vai parecer um fracassado.

A pessoa passivo-agressiva geralmente se sente trapaceada, não apreciada, não entendida, sempre reclama para os outros a respeito de quanto trabalho tem e quão pouco ganha. Ela frequentemente culpa outras pessoas ou o sistema empresarial por seu fracasso e pode ser taciturna, irritável, impaciente, propensa a controvérsias, cínica e cética em relação a tudo. Figuras de autoridade geralmente se tornam o foco desse descontentamento, já que a pessoa passivo-agressiva as vê como a causa significativa de seus problemas. Eles também podem se ressentir das pessoas bem-sucedidas a seu redor. A pessoa passivo-agressiva pode variar entre o desafio e a hostilidade abertos em relação a uma figura de autoridade e tentativas passivas de aplacar seu supervisor, desculpando-se e prometendo melhorar sua performance de trabalho. Essa personalidade passivo-agressiva também gosta de jogos do tipo vencer-perder com os outros e está sempre procurando vencer, já que isso a faz se sentir bem consigo mesma e com suas habilidades.

> Jane trabalhava numa editora. Ela sempre reclamava da quantidade de trabalho que tinha, lembrando constantemente a seus colegas que tinha muito trabalho para revisar e muito pouco tempo. Quando ela recebia um manuscrito para trabalhar, prometia devolvê-lo num prazo determinado, mas depois não conseguia. Ela dizia à gerência que o trabalho precisava apenas de pequenas modificações e, então, no último minuto, devolvia o manuscrito com grandes alterações, o que fazia com que o autor precisasse de muito tempo para refazê-las. Em um ramo em que se trabalha com prazos muito curtos, isso não era apreciado e as pessoas ficavam frustradas com ela. Os colegas dela se ressentiam de seu comportamento, já que acabavam tendo que fazer muito do trabalho dela. Jane oscilava entre pedir muitas desculpas e pedir que as pessoas a entendessem e a hostilidade aberta em relação a seus colegas por tornarem as coisas difíceis para ela.

Transtorno de personalidade narcisista

Sigmund Freud usou o termo narcisista para descrever pessoas que mostravam um senso exagerado de autoimportância e uma preocupação em receber atenção. A característica essencial do transtorno de personalidade narcisista é um padrão difundido de grandiosidade, a necessidade constante de admiração e uma falta de empatia pelos outros.

Pessoas narcisistas normalmente superestimam suas habilidades e aumentam suas conquistas, geralmente parecendo ser faladoras e convencidas. Elas podem se tornar agitadas ou brabas quando as pessoas não mostram o respeito e a "reverência" que elas acreditam que merecem. A pessoa narcisista fantasia sobre sucesso, poder, brilhantismo, beleza e amor idealizado ilimitados. Ela também se vê no mesmo nível de pessoas famosas em termos de suas realizações e, portanto, espera ser tratada da mesma forma que as outras "estrelas".

O narcisista acredita que é superior às outras pessoas e aumenta sua autoestima se associando com pessoas bem-sucedidas. Por exemplo, a pessoa narcisista vai insistir em ter apenas os melhores médicos, advogados, personal trainers, cabeleireiras, em ser membro dos melhores clubes, das melhores academias e daí por diante.

A pessoa com transtorno de personalidade narcisista tem uma autoestima muito frágil porque ela gira em torno de receber constante atenção de outras pessoas. Ela gosta de exibir suas posses para deixar os outros com inveja e, muitas vezes, busca abertamente elogios das pessoas que estão com ela. Não é incomum que ela espere tratamento favorável de forma não razoável, como receber a melhor mesa em um restaurante, estacionar em qualquer lugar que quiser ou não ter que ficar na fila para entrar em uma boate. Esse senso de poder, combinado com uma falta de sensibilidade às necessidades e aos desejos dos outros, pode levar a um comportamento que explore outras pessoas. No entanto, essa exploração não é deliberadamente insensível, é simplesmente um subproduto de sua necessidade de admiração e de tratamento especial. Essa frágil autoestima faz a pessoa narcisista vulnerável às críticas de outras pessoas. Apesar de nem sempre expressar seus sentimentos, críticas podem deixá-la se sentindo vazia, humilhada e degradada. Ela pode reagir às críticas, ou críticas imaginadas, com raiva, contra-ataques ou desdém.

A pessoa narcisista não tem muito sucesso quando se trata de reconhecer os desejos e sentimentos de outras pessoas, já que está muito preocupada consigo mesma e com os próprios sentimentos. Ela geralmente não considera as necessidades de outras pessoas e frequentemente faz observações insensíveis sobre diversas coisas. Por exemplo, ela pode falar sobre como a saúde dela está ótima para uma pessoa que está no hospital com uma doença crônica.

O narcisista geralmente tem inveja de outras pessoas. Ele não gosta quando as pessoas parecem ser mais bem-sucedidas do que ele, pois acredita que deveria ser o protagonista de tal sucesso. Ele frequentemente minimiza as contribuições de outras pessoas que recebem prêmios e é descrito por outras pessoas como arrogante e condescendente.

Estima-se que transtorno de personalidade narcisista ocorra em menos de 1% da população. Das pessoas com o transtorno, cerca de 50% a 75% são homens. Eles diferem do psicopata porque seu comportamento é movido por uma necessidade de ser admirado por outras pessoas, em vez de gostar do sofrimento de outros. Independentemente da motivação, tanto o narcisista quanto o psicopata causam danos psicológicos significativos a seus colegas de trabalho.

> Jeremy era um advogado com pouco mais de 40 anos. Ele trabalhava para um grande escritório de advocacia e tinha todos os ornamentos do sucesso que vêm com seu emprego – um carro de luxo, uma casa na parte rica da cidade e uma série de namoradas atraentes (que não ficavam com ele por muito tempo). Jeremy se

descrevia como uma peça-chave no escritório (apesar de não ter sido convidado para ser sócio). Ele também exagerava suas conquistas como esportista, dando a entender que quando terminou a faculdade foi difícil escolher entre se tornar um esportista profissional ou um advogado comercial altamente bem-sucedido. Não havia nenhuma evidência para apoiar essas alegações.

Jeremy falava incessantemente com os colegas sobre suas visões de si mesmo como sócio, ganhando milhões de dólares para a companhia e salvando seus clientes de processos multimilionários com sua habilidade consumada como advogado. A realidade era que Jeremy não tinha a confiança dos sócios do escritório para lidar com nada além dos casos rotineiros e simples envolvendo somas relativamente pequenas de dinheiro. Jeremy não conseguia entender por que não tinha sido convidado para a sociedade, já que acreditava que era especial. Ele dizia às outras pessoas que o escritório estava esperando que um caso grande o suficiente aparecesse para usar realmente suas habilidades.

Jeremy também era o motivo de secretárias pedirem demissão ou exigirem transferência. Ele sempre queria elogios e, quando eles não aconteciam, ele ficava brabo e descontava nas secretárias, dando a elas deliberadamente trabalho demais. Ele também culpava as secretárias pelos fracassos dele no trabalho. Seus colegas de trabalho o viam como arrogante e condescendente. Quando lhe disseram que ele teria que trabalhar com um consultor empresarial para desenvolver um plano de gerenciamento, ele concordou, pois acreditava que estava sendo preparado para uma posição sênior. Ele insistiu que o consultor fosse um especialista bem conhecido – pois ele "apenas iria ao melhor, porque vencedores atraem vencedores".

Transtorno de personalidade histriônica

Transtorno de personalidade histriônica se refere a uma condição na qual um indivíduo é superdramático sobre tudo e quase parece estar atuando, em vez de vivendo genuinamente as coisas. Pessoas com esse problema tendem a ser vaidosas, extravagantes e sedutoras. Elas geralmente expressam emoções de forma exagerada, como soluçando incontrolavelmente em um filme triste ou abraçando alguém que acabaram de conhecer como se fossem amigos de longa data. Elas ficam desconfortáveis quando não são o centro das atenções. Elas podem ficar superpreocupadas com sua aparência e gastar grandes somas de dinheiro em roupas ou joias.

A pessoa com transtorno de personalidade histriônica também é bastante impulsiva e tem dificuldade em esperar algo que vá satisfazê-la. Ela pode ter emoções superficiais e que mudam rapidamente, enquanto a interação com outras pessoas é geralmente caracterizada por comportamentos sexuais impróprios ou provocativos. Esse comportamento provocativo não está limitado a relacionamentos ou parceiros próximos, pode ser visto no trabalho ou em ocasiões sociais. Ela frequentemente considera os relacionamentos mais íntimos do que realmente são.

Os afetados por esse tipo de transtorno podem tentar controlar as pessoas por meio de manipulação emocional em um nível, enquanto simultaneamente dependem delas para atenção em outro nível. Eles também têm problemas com amigos do mesmo sexo, já que, muitas vezes, parecem estar tentando "roubar" o parceiro do amigo com seu comportamento provocativo.

Estima-se que de 2% a 3% da população possa ter esse transtorno. Homens e mulheres têm a mesma possibilidade de apresentar transtorno de personalidade histriônica, de acordo com alguns estudos. No entanto, essas proporções são baseadas em dados limitados.

A diferença entre o transtorno de personalidade histriônica e a psicopatia é que o psicopata manipula por lucro, poder ou outra gratificação material, enquanto o histriônico manipula para conseguir atenção e carinho daqueles a sua volta.

Não tire conclusões precipitadas – sobre diagnósticos e tendência confirmatória

É importante estar atento aos comportamentos e às características psicopatas e a outras formas de personalidade extremas para se proteger e evitar conflitos. No entanto, é igualmente importante não tirar conclusões precipitadas ou tentar diagnosticar o comportamento de alguém sem ajuda profissional.

Diagnóstico errado e atribuição imprópria de um título são tão destrutivos para uma pessoa quanto um psicopata pode ser. Esse é um fenômeno conhecido como tendência confirmatória, que é muito importante quando se trata de pessoas fazendo julgamentos sobre a probabilidade de um colega ser um psicopata do trabalho em vez de "outra coisa".

Tendência confirmatória é um termo usado em psicologia social que se refere a um erro em relação a como as pessoas fazem julgamentos a respeito de situações variadas. Falando genericamente, tendência confirmatória ocorre quando uma pessoa "confirma" aquilo em que ela quer acreditar, olhando seletivamente para partes de informação disponíveis para ela.

Por exemplo, uma pessoa pode acreditar que está trabalhando com um psicopata; dessa forma, ela lê um livro como este para descobrir mais sobre o psicopata do trabalho. A pessoa verifica todas as características cuidadosamente e depois procura essas características em seu colega. Ela tenta se lembrar de comportamentos que o colega teve que se encaixem nas características sobre as quais ela leu. Ela pode se lembrar de que "Bob teve um caso com uma secretária e, portanto, ele é promíscuo e se encaixa nas características", uma conclusão incorreta. Na realidade, ela descobre o que quer descobrir e ignora qualquer evidência contraditória. Tendência confirmatória é muito perigosa e pode levar a "falsos positivos", concluindo que uma pessoa é um psicopata do trabalho quando de fato não é.

É importante se lembrar de que na psicologia (e nas ciências em geral) alguém deve sempre tentar refutar, em vez de provar uma teoria. Existe um exemplo famoso usado na ciência que ilustra o porquê disso. Se um cientista tem uma teoria segundo a qual "todos os pássaros no mundo são pretos", como ele faz para provar a validade de sua teoria? Existem duas possibilidades.

Primeira, ele pode tentar provar a teoria viajando ao redor do mundo e procurando apenas pássaros pretos, concluindo incorretamente que sua teoria é verdadeira, já que ele não percebe pássaros de nenhuma outra cor porque não está procurando esse tipo de pássaro.

A segunda, e mais válida, é viajar ao redor do mundo e tentar achar um pássaro que não seja preto. Em outras palavras, a teoria é testada refutando-se sua veracidade em vez de confirmá-la.

Se um leitor acredita que está trabalhando com um psicopata de qualquer subtipo, então ele deve tentar refutar sua teoria em vez de provar que está certa. Se ele não conseguir refutar sua "teoria" de que a pessoa é um psicopata do trabalho porque ela se encaixa em muitas das características depois de consideração cuidadosa das evidências, então é possível que a pessoa que ele conhece possa ser um psicopata do trabalho. Se uma pessoa não se encaixa em características suficientes e ainda assim é "disfuncional" no trabalho, um diagnóstico alternativo pode ser mais apropriado.

Independentemente do diagnóstico, se uma pessoa está lhe causando sofrimento de alguma forma, é importante que você fale com alguém sobre sua situação. Pode ser com alguém da família, com amigos ou com um profissional. Se você tentar enfrentar o problema sozinho, e a pessoa for um psicopata do trabalho, você será um alvo muito mais fácil e provavelmente sofrerá no final.

Conclusão

Em meu trabalho como consultor, eu já vi e continuo vendo a imensa devastação que o psicopata do trabalho inflige às pessoas a seu redor. A vítima do psicopata do trabalho nunca será a mesma de novo. As vítimas têm uma percepção diferente de si mesmas, de suas vidas e certamente do ambiente de trabalho. Geralmente ficam isoladas, retiradas e hesitantes em discutir sua situação ou permitir que outras pessoas entrem em suas vidas porque o psicopata do trabalho as ensinou a ter medo de tais experiências. Isso não quer dizer que elas ficaram feridas para sempre, mas que precisam de uma grande quantidade de apoio e de compreensão das pessoas próximas a elas antes de conseguirem aceitar e deixar para trás suas experiências negativas.

Apesar de não me surpreender ou me chocar ao encontrar essas vítimas e ouvir a extensão dos danos causados pelos psicopatas do trabalho, surpreendo-me que muito pouco ou nada tenha sido feito para abordar o problema. As pessoas falam sobre o assunto e ficam fascinadas com a noção de que psicopatas possam existir em locais de trabalho. No entanto, essas mesmas pessoas geralmente não estão cientes de que, em seus ambientes de trabalho, pessoas que elas conhecem podem estar sendo isoladas e vitimadas por um psicopata do trabalho. Esse não é um fenômeno que acontece com "outra pessoa" – pode estar na verdade acontecendo em seu ambiente de trabalho. Eu ajudei a desfazer danos feitos a pessoas atingidas por psicopatas do trabalho e posso dizer que a maioria das grandes companhias, muitos departamentos do governo e muitas outras organizações têm psicopatas do trabalho que estão vitimando pessoas e destruindo suas vidas enquanto você lê este livro.

Embora livros como *Trabalhando com Monstros* aumentem a consciência do problema e deem mais força às vítimas e a outros para limi-

Conclusão

tar a habilidade do psicopata do trabalho de destruir pessoas, isso não é o suficiente. Todos devem estar cientes das táticas do psicopata do trabalho e estar preparados para fazer algo em relação a isso quando um psicopata do trabalho for identificado. Quando chegarmos a esse nível, psicopatas do trabalho serão incapazes de operar, porque eles dependem de isolar suas vítimas para destruí-las. Uma das maiores armas que o psicopata do trabalho usa é a indiferença dos outros em relação ao sofrimento de um colega. É geralmente mais fácil ignorar um problema do que se envolver. Que diferença existe entre a pessoa que perdoa o comportamento do psicopata do trabalho ao não fazer nada e o próprio psicopata do trabalho? Até que ponto nós, enquanto sociedade, somos responsáveis pela decisão de Kate, a vítima de um psicopata do trabalho que conhecemos no começo deste livro, de tirar a própria vida por se sentir indefesa?

Se você está – ou acha que está – sendo atingido por um psicopata do trabalho, fale com alguém sobre isso. Adquira o máximo de informação possível e não se isole das pessoas que se importam com você. Em último caso, essas são as pessoas que vão ajudá-lo nessa situação. Em alguns casos, também é sábio procurar ajuda profissional. Não corra o risco de se tornar outra vítima como Kate.

CONHEÇA OUTROS LIVROS DA FUNDAMENTO

Pensamento Saudável
Como pegar o limão que a vida lhe dá e fazer uma limonada

Você Pode
Descubra o caminho para mudar e vencer

A Arte da Guerra Para Mulheres
» Estratégias para liberdade e realização profissional

» Sabedoria oriental para utilizar suas forças naturais

» Aprimorando a intuição para alcançar seus objetivos

EDITORA FUNDAMENTO
www.editorafundamento.com.br